A poesia é necessária

RUBEM BRAGA
A poesia é necessária

Organização ANDRÉ SEFFRIN

São Paulo
2015

© Roberto Seljan Braga, 2013
1ª Edição, Global Editora, São Paulo 2015

    Jefferson L. Alves – diretor editorial
    Gustavo Henrique Tuna – editor assistente
    André Seffrin – organização e estabelecimento de texto
    Flávio Samuel – gerente de produção
    Flavia Baggio – coordenadora editorial
    Deborah Stafussi – assistente editorial e revisão
    Vitor Nogueira – foto de capa
    Eduardo Okuno – projeto gráfico e capa

Obra atualizada conforme o
NOVO ACORDO ORTOGRÁFICO DA LÍNGUA PORTUGUESA.

CIP-BRASIL. CATALOGAÇÃO NA FONTE
SINDICATO NACIONAL DOS EDITORES DE LIVROS, RJ

B792p

    Braga, Rubem, 1913-1990
       A poesia é necessária / Rubem Braga ; organização André Seffrin. - 1. ed. - São Paulo : Global, 2015.

    ISBN 978-85-260-2207-2

    1. Poesia brasileira. I. Seffrin, André. II. Título.

15-22337   CDD: 869.91
                                                      CDU: 821.134.3(81)-1

Direitos Reservados

global editora e distribuidora ltda.
Rua Pirapitingui, 111 – Liberdade
CEP 01508-020 – São Paulo – SP
Tel.: (11) 3277-7999 – Fax: (11) 3277-8141
e-mail: global@globaleditora.com.br
www.globaleditora.com.br

Colabore com a produção científica e cultural.
Proibida a reprodução total ou parcial desta obra
sem a autorização do editor.

Nº de Catálogo: **3736**

Sumário

A POESIA É NECESSÁRIA – André Seffrin 11
O MUNDO ESPECIAL DO POETA – Rubem Braga 13

JOSÉ DE ANCHIETA – a santa inês 17
GREGÓRIO DE MATOS – Descreve a procissão
    de quarta-feira de cinza em Pernambuco 19
BASÍLIO DA GAMA – A uma senhora 20
TOMÁS ANTÔNIO GONZAGA – Lira iii 21
SOUSA CALDAS – Soneto IV 23
DOMINGOS JOSÉ MARTINS – Soneto 24
MACIEL MONTEIRO – Formosa 25
JOSE BONIFÁCIO, O MOÇO – Soneto 26
ÁLVARES DE AZEVEDO – Meu sonho 27
SOUSÂNDRADE – Mademoiselle 29
LUÍS DELFINO – Cadáver de virgem 31
TOBIAS BARRETO – Improviso 33
MACHADO DE ASSIS – Machado de Assis concretista 34
FAGUNDES VARELA – A flor do maracujá 36
GONÇALVES CRESPO – Na roça 38
LUÍS GUIMARÃES JÚNIOR – Hora de amor 39
CASTRO ALVES – Terceira sombra – Ester 40
LÚCIO DE MENDONÇA – O rebelde 41

ARTUR AZEVEDO – Vem! 42

ALBERTO DE OLIVEIRA – Cheiro de flor 43

RAIMUNDO CORREIA – No salão do conde 44

B. LOPES – Berço 45

AUGUSTO DE LIMA – A serenata 46

CRUZ E SOUSA – Triunfo supremo 47

OLAVO BILAC – Crepúsculo na mata 48

VICENTE DE CARVALHO – Velho tema 49

EMÍLIO DE MENEZES – Noite de insônia 50

EMILIANO PERNETTA – Para os que se amam 51

GUIMARÃES PASSOS – Teu lenço 53

MÁRIO PEDERNEIRAS – Velha mangueira 54

ALPHONSUS DE GUIMARAENS – Rosas 56

AUGUSTO DOS ANJOS – Versos a um coveiro 57

DA COSTA E SILVA – Saudade 58

GUILHERME DE ALMEIDA – Nós 59

CORA CORALINA – O cântico da terra 60

FELIPPE D'OLIVEIRA – O epitáfio que não foi gravado 62

EDUARDO GUIMARAENS – Soneto 64

MENOTTI DEL PICCHIA – Humilde súplica 65

GRACILIANO RAMOS – Graciliano Ramos concretista 66

MÁRIO DE ANDRADE – Lira paulistana 68

RONALD DE CARVALHO – Este perfume... 69

JORGE DE LIMA – Soneto XV 71

ANÍBAL MACHADO – Na sacada barroca 72

ALCEU WAMOSY – Duas almas 73

RAUL DE LEONI – História antiga 74

TASSO DA SILVEIRA – Balada de Emily Brontë 75

ANA AMÉLIA CARNEIRO DE MENDONÇA – Soneto 77

RODRIGUES DE ABREU – Mar desconhecido 78

AUSTREGÉSILO DE ATHAYDE – Petição 80

SÉRGIO MILLIET – O mar outrora... 81

RAUL BOPP – Cobra Norato.. 83

REYNALDO MOURA – Ascensão 85

ISMAEL NERY – A virgem inútil 87

GILBERTO FREYRE – Rede... 88

JOÃO ALPHONSUS – Em memória de um qualquer 89

MURILO MENDES – Jandira... 91

CARLOS DRUMMOND DE ANDRADE – A máquina do mundo .. 94

AUGUSTO MEYER – Canção bicuda... 99

CANDIDO PORTINARI – O menino e o povoado 101

HENRIQUETA LISBOA – Pomar 102

GODOFREDO FILHO – Soneto.. 104

MARIO QUINTANA – Da vez primeira...................................... 105

AUGUSTO FREDERICO SCHMIDT – Josefina no jardim 106

LUÍS MARTINS – *Ballade des dames du temps jadis* 107

JOSUÉ DE CASTRO – Namoro 109

MAURO MOTA – Elegia nº 1 110

LÚCIO CARDOSO – Poema 111

RUBEM BRAGA – Soneto 112

VINICIUS DE MORAES – Um soneto inédito de vinicius............. 113

ANTONIO GIRÃO BARROSO – Soneto à lua 115

MANOEL DE BARROS – Os caramujos-flores 116

ALPHONSUS DE GUIMARAENS FILHO – Suspensão................ 117

JOÃO CABRAL DE MELO NETO – Catar feijão 118

WILSON ROCHA – O dii immortales!.. 119

PAULO MENDES CAMPOS – Do tresloucado 120

DARCY DAMASCENO – Soneto 121

LÊDO IVO – Asilo Santa Leopoldina 122

MILLÔR FERNANDES – Luta de classes 123

AFONSO FELIX DE SOUSA – Carta do Líbano....................... 124

THIAGO DE MELLO – Num campo de margaridas 125

JOSÉ PAULO PAES – Pequeno retrato 126

CELINA FERREIRA – Fragmento 127

AFFONSO ÁVILA – Aurora de Deus... 128

LAÍS CORRÊA DE ARAÚJO – Rito severo 129

CARLOS PENA FILHO – Soneto do desmantelo azul 130

FERREIRA GULLAR – Uma voz.. 131

GILBERTO MENDONÇA TELES – Exegese 132

RENATA PALLOTTINI – Poeta vende joia 133

WALMIR AYALA – Todo o mar.. 135

ANDERSON BRAGA HORTA – Redondilha quase camoniana ... 136

IVAN JUNQUEIRA – A vingança... 138

ADÉLIA PRADO – A santa ceia... 139

NAURO MACHADO – Do comprimento de uma rua 140

ASTRID CABRAL – Assalto em câmara lenta 141

EDUARDO ALVES DA COSTA – Uma estrela, vista através
    de periscópio 142

DOMICIO PROENÇA FILHO – A pesca...................................... 144

JOÃO CARLOS TEIXEIRA GOMES – Poema da inútil busca 146

AFFONSO ROMANO DE SANT'ANNA – Leitura do morto...... 148

ROBERTO BRAGA – Os reis magos 150

MYRIAM FRAGA – Banquete 152

LÉLIA COELHO FROTA – *Ad usum* *153*
LYA LUFT – Um anjo vem todas as noites 154
ARMANDO FREITAS FILHO – Rock... 155
LEONARDO FRÓES – A vida em comum 156
TITE DE LEMOS – Soneto.. 157
RUY ESPINHEIRA FILHO – Nesta varanda 158
AFONSO HENRIQUES NETO – Ressurreição das baleias........... 161
CACASO – Jogos florais.. 162
FREDERICO GOMES – Textura do branco................................... 163
DOMINGOS PELLEGRINI – Feira moderna de Caruaru 165
ANA MIRANDA – A operação... 167
GERALDO CARNEIRO – sobre a verdura................................... 169
ANTONIO CARLOS SECCHIN – Soneto das luzes 170
LUÍS AUGUSTO CASSAS – *Remember* Anchieta........................... 171
DENISE EMMER – A morte da lavadeira....................................... 173
MÁRCIO CATUNDA – Cantiga 175
ALEILTON FONSECA – Poema a Neusa.. 177
FELIPE FORTUNA – Meditação 178

OS POETAS 179
NOTA DO ORGANIZADOR/AGRADECIMENTOS 203

A POESIA É NECESSÁRIA

Rubem Braga criou a seção "A poesia é necessária" na revista *Manchete*, onde a manteve de 1953 a 1956. Observou mais de uma vez que a poesia é necessária "mesmo aos cronistas", e em dezembro de 1957, mal disfarçando a ironia, esclareceu o triste final de uma história: "Houve mudança na direção da revista e fui informado de que a poesia não era mais necessária. Não discuto com a direção. A prova de que a poesia não é necessária é que a revista continua crescendo, vende como pão quente, está cheia de anúncios e rendendo bela erva."

Ao retomar a seção na *Revista Nacional*, em 1979, rememorou: "No tempo em que fazia duas páginas semanais em *Manchete*, eu sempre guardava um canto sob este título – *A poesia é necessária* – para publicar algum poema. Depois, a direção da revista achou que a poesia NÃO era necessária; tinha razão, tanto que a revista está prosperando até hoje, sem poesia nenhuma." Com verve e vontade tipicamente braguianas, ele conseguiu nesse novo veículo manter firme a intenção de divulgar a poesia, e assim foi até o fim, em 1990, ano de sua morte.

Nos dois períodos, publicou centenas de poetas, entre assíduos e bissextos, lembrados e esquecidos, fervorosos e ocasionais, nacionais e estrangeiros, de hoje e de sempre. Bastante atraído pelo soneto, por poemas de amor e, vez ou outra, por poemas de protesto (estes, tanto na seara política como na poética), Rubem não deixou de visitar na seção os mesmos temas constantes em suas crônicas. Desenhou assim um painel ao sabor de leituras cotidianas, à medida que os poetas e os livros apareciam no cenário ou as reedições dos clássicos facilitavam. Ou seja, de maneira um tanto aleatória.

Para este livro, foi preciso realizar uma seleção da seleção onde puderam figurar apenas os poetas brasileiros ou naturalizados, e um único poema de cada poeta – quando possível, em sua versão definitiva, uma vez que Rubem Braga chegou a incluir poemas inéditos mais tarde revistos pelos autores. Foram contudo mantidos diversos comentários de Rubem, geralmente, embora nem sempre, dispostos em notas de pé de página. A disposição cronológica, pela data de nascimento dos poetas, é arbitrariedade minha e a abracei na tentativa de facilitar uma leitura panorâmica que vai da poesia jesuítica ao final do Modernismo.

Num bom recorte do que aconteceu antes e depois do Modernismo, movimento que tanto centralizou nossas atenções, nota-se que o involuntário antologista que foi Rubem Braga não deixou de observar a riqueza e a diversidade das principais tendências e correntes de nossa poesia. Com evidente conhecimento da matéria mas de um jeito meio imprevisto, alcançou este admirável arco que vai do século XVI ao final do século XX. Assim, mais que uma extraordinária antologia, este livro é, como diria Mario Quintana, um "baú de espantos", cheio até a boca de curiosidades sobre poetas e sobre poesia. Um livro como um recado do cronista: a poesia é necessária.

ANDRÉ SEFFRIN
2003/2015

O mundo especial do poeta

Carta a uma velha amiga que me disse ter conhecido um grande poeta, que é meu amigo; e ter sofrido uma decepção:

"Querida –

Não achou você poético o poeta; e até se queixa de que, no tempo em que esteve em sua mesa, não lhe ouviu uma palavra sobre poesia, mas, unicamente, ao sabor da conversa, comentários sobre sapatos de homem e desastres de automóvel, quando você gostaria de conversar sobre William Shakespeare.

É, na verdade, um pouco mortificante. Nunca falam os poetas de poesia?, me pergunta você. Bem, eles falam. Cada homem tem costume de falar de seu ofício, e o poeta é um homem como os outros. Mas acontece que, além de ser um homem como os outros, e sem deixar de sê-lo, ele tem isso de grave e especial que é ser um homem a quem tudo concerne e de tudo tira seu mel e seu fel. Esse menino que passa com um barulhento carrinho feito de caixotes, a trazer verduras da feira; aqueles operários da construção, que, depois de almoçar no botequim da esquina com uma cerveja preta, ficam um pouco sentados na calçada, conversando à-toa, à espera do sinal para o trabalho; e o próprio carrinho de tábuas de caixote, e a própria garrafa de cerveja preta – tudo é matéria do poeta. Não concerne o peixe ao motorista nem a mangueira ao cirurgião; mas ao poeta tudo concerne, e nesse pedaço de jornal velho que o vento arrasta pelo chão ele se inspira tão bem quanto naquela moça que saiu às compras, na manhã fria do bairro, com calças compridas e um suéter vermelho. Apenas há isto: que a esse farrapo de jornal ou aos olhos verdes dessa moça, pode acontecer que tenham de esperar muitos anos para entrar em um verso do poeta, como podem entrar de repente, atravessando um braço de mar de 1938 ou a tarde de um agosto antigo. A moça tão linda julga ir onde quer, ao sabor de sua fantasia; na verdade ela é guiada por um controle remoto que a faz passar perante o poeta. Este pelo menos assim o crê: vê gestos de Deus na queda de uma folha ou no salto de um gato.

Quando o poeta fala de sapatos, de trânsito ou futebol, não está disfarçando: o último jogo do Flamengo, a corrida dos ônibus depois do túnel e a cor dos sapatos, tudo se filtra na alma do poeta. Tudo; e com certeza também você, que ele pode ter incorporado silenciosamente no seu mundo. E quando amanhã escrever "uma tarde castanha", se lembrará de seus cabelos e de sua voz serena.

Não o desame pois, por não ser poético; isso não é seu ofício: ele é poeta. Adeus."

Rubem Braga
Rio, 1954/1983

A poesia é necessária

JOSÉ DE ANCHIETA | (1534-1597)

A SANTA INÊS

I

Cordeirinha linda,
como folga o povo
porque vossa vinda
lhe dá lume novo!

Cordeirinha santa,
de Iesu querida,
vossa santa vinda
o diabo espanta.

Por isso vos canta,
com prazer, o povo,
porque vossa vinda
lhe dá lume novo.

Nossa culpa escura
fugirá depressa,
pois vossa cabeça
vem com luz tão pura.

Vossa formosura
honra é do povo,
porque vossa vinda
lhe dá lume novo.

Virginal cabeça
pola fé cortada,
com vossa chegada,
já ninguém pereça.

Vinde mui depressa
ajudar o povo,
pois com nossa vinda
lhe dais lume novo.

    Vós sois, cordeirinha
    de Iesu formoso,
    mas o vosso esposo
    já vos fez rainha.

    Também padeirinha
    sois de nosso povo,
    pois, com vossa vinda
    lhe dais lume novo.

GREGÓRIO DE MATOS | (1636-1695)

DESCREVE A PROCISSÃO DE QUARTA-FEIRA DE CINZA EM PERNAMBUCO

Um negro magro em sufilié mui justo,
Dous azorragues de um joá pendentes,
Barbado o Peres, mais dous penitentes,
Com asas seis crianças sem mais custo.

De vermelho o mulato mais robusto,
Três meninos fradinhos inocentes,
Dez, ou doze brichotes mui agentes,
Vinte ou trinta canelas de ombro onusto.

Sem débita reverência seis andores,
Um pendão de algodão tinto em tejuco,
Em fileira dez pares de menores:

Atrás um negro, um cego, um mamaluco,
Três lotes de rapazes gritadores,
É a procissão de cinza em Pernambuco.

BASÍLIO DA GAMA | (1741-1795)

A UMA SENHORA

Na idade em que eu brincando entre os pastores,
Andava pela mão e mal andava,
Uma ninfa comigo então brincava
Da mesma idade e bela como as flores.

Eu com vê-la sentia mil ardores;
Ela punha-se a olhar e não falava;
Qualquer de nós podia ver que amava,
Mas quem sabia então que eram amores?

Mudar de sítio à ninfa já convinha,
Foi-se a outra ribeira; e eu só, naquela
Fiquei sentindo a dor que n'alma tinha,

Eu cada vez mais firme, ela mais bela;
Não se lembra ela já de que foi minha,
Eu ainda me lembro que sou dela!...

TOMÁS ANTÔNIO GONZAGA | (1744-1810)

LIRA III

Tu não verás, Marília, cem cativos
Tirarem o cascalho e a rica terra,
Ou dos cercos dos rios caudalosos,
      Ou da minada serra.

Não verás separar ao hábil negro
Do pesado esmeril a grossa areia,
E já brilharem os granetes de oiro
      No fundo da bateia.

Não verás derrubar os virgens matos,
Queimar as capoeiras inda novas,
Servir de adubo à terra a fértil cinza,
      Lançar os grãos nas covas.

Não verás enrolar negros pacotes
Das secas folhas do cheiroso fumo;
Nem espremer entre as dentadas rodas
      Da doce cana o sumo.

Verás em cima da espaçosa mesa
Altos volumes de enredados feitos;
Ver-me-ás folhear os grandes livros
      E decidir os pleitos.

Enquanto resolver os meus consultos,
Tu me farás gostosa companhia,
Lendo os fastos da sábia, mestra História,
      E os cantos da poesia.

Lerás em alta voz a imagem bela;
Eu, vendo que lhe dás o justo apreço,
Gostoso tornarei a ler de novo
      O cansado processo.

Se encontrares louvada uma beleza,
Marília, não lhe invejes a ventura,
Que tens quem leve à mais remota idade
      A tua formosura.

SOUSA CALDAS | (1762-1814)

SONETO IV
FEITO DE IMPROVISO JUNTO À SEPULTURA DE
D. INÊS DE CASTRO

Os Amores em chusma se ajuntaram
A formar esta lúgubre escultura:
Mas ao traçá-la, cheios de ternura,
Os meigos olhos com as mãos taparam.

O Gênio da Tristeza, que invocaram,
Lhes aplica o Cizel à pedra dura,
E a triste majestosa sepultura
De Inês e Pedro juntos acabaram.

Para admirar esta obra, lá de Gnido,
Talhando os ares, vem ligeiramente,
Vaidoso e ufano, o fero Deus Cupido:

Mas ao vê-la desmaia; e de repente,
De compaixão insólita movido,
O rosto vira, e o banha em pranto ardente.

DOMINGOS JOSÉ MARTINS | (1781-1817)

SONETO

Meus ternos pensamentos, que sagrados
me fostes quase a par da liberdade!
Em vós não tem poder a iniquidade;
à esposa voai, narrai meus fados!

Dizei-lhe que nos transes apertados,
ao passar desta vida à eternidade,
ela n'alma reinava na metade
e com a pátria partia-lhe os cuidados.

A pátria foi o meu nume primeiro,
a esposa depois o mais querido
objeto de desvelo verdadeiro;

E na morte entre ambas repartido,
será de uma o suspiro derradeiro,
será de outra o último gemido.

Nota de RB (1983):
Do livro *Poetas do Espírito Santo*, de Elmo Elton, editado pela Fundação Ceciliano Abel de Almeida, da UFES. O poeta nasceu em Itapemirim, foi um dos chefes da Revolução Pernambucana de 1817 e morreu arcabuzado no Campo da Pólvora, hoje Campo dos Mártires, em Salvador. O soneto foi escrito na prisão.

MACIEL MONTEIRO | (1804-1868)

FORMOSA

Formosa, qual pincel em tela fina
debuxar jamais pode ou nunca ousara;
formosa, qual jamais desabrochara
na primavera rosa purpurina;

formosa, qual se a própria mão divina
lhe alinhara o contorno e a forma rara;
formosa, qual jamais no céu brilhara
astro gentil, estrela peregrina;

formosa, qual se a natureza e a arte,
dando as mãos em seus dons, em seus lavores
jamais soube imitar no todo ou parte;

mulher celeste, oh! anjo de primores!
Quem pode ver-te, sem querer amar-te?
Quem pode amar-te, sem morrer de amores?!

JOSE BONIFÁCIO, O MOÇO | (1827-1886)

SONETO

Se te procuro, fujo de avistar-te,
E se te quero, evito mais querer-te,
Desejo quase – quase aborrecer-te
E se te fujo, estás em toda a parte.

Distante, corro logo a procurar-te,
E perco a voz e fico mudo ao ver-te;
Se me lembro de ti, tento esquecer-te
E se te esqueço, cuido mais amar-te.

O pensamento assim partido ao meio
E o coração assim também partido,
Chamo-te e fujo, quero-te e receio!

Morto por ti, eu vivo dividido,
Entre o meu e o teu ser sinto-me alheio
E sem saber de mim vivo perdido.

ÁLVARES DE AZEVEDO | (1831-1852)

MEU SONHO

EU

Cavaleiro das armas escuras,
Onde vais pelas trevas impuras
Com a espada sanguenta na mão?
Por que brilham teus olhos ardentes
E gemidos nos lábios frementes
Vertem fogo do teu coração?

Cavaleiro, quem és? o remorso?
Do corcel te debruças no dorso...
E galopas do vale através...
Oh! da estrada acordando as poeiras
Não escutas gritar as caveiras
E morder-te o fantasma nos pés?

Onde vais pelas trevas impuras,
Cavaleiro das armas escuras,
Macilento qual morto na tumba?...
Tu escutas... Na longa montanha
Um tropel teu galope acompanha?
E um clamor de vingança retumba?

Cavaleiro, quem és? – que mistério,
Quem te força da morte no império
Pela noite assombrada a vagar?

    O FANTASMA

Sou o sonho de tua esperança,
Tua febre que nunca descansa,
O delírio que te há de matar!...

Nota de R. B. (1981)
Comemora-se no dia 12 de setembro corrente o 150º aniversário de nascimento do poeta romântico Álvares de Azevedo. É, com o perdão da palavra, o seu sesquicentenário. Manuel Antonio Álvares de Azevedo nasceu em São Paulo em setembro de 1831 e morreu no Rio em abril de 1852, antes, portanto, de completar seus 21 anos; estava no quarto ano da Faculdade de Direito de São Paulo. Tuberculoso.
Havia escrito pouco antes: "Eu deixo a vida como deixo o tédio/ Do deserto, o poento caminheiro..."
E também havia pedido: "Descansem o meu leito solitário/ Na floresta dos homens esquecida/ À sombra de uma cruz, e escrevam nela/ – Foi poeta – sonhou e amou a vida!"
Deixara ainda aqueles versos dos mais simples e tristes da poesia brasileira: "Se eu morresse amanhã, viria ao menos/ Fechar meus olhos minha triste irmã./ Minha mãe de saudades morreria/ Se eu morresse amanhã."

SOUSÂNDRADE | (1832-1902)

MADEMOISELLE

Rien de plus beau que Paris.
Provérbio

Forjamos, vida e luz, riso da minha terra,
Sol do levante meu, lírio da negra serra,
Doce imagem de azuis brandos formosos olhos
Dos róseos mares vinda à plaga dos abrolhos
Muita espr'ança trazer, muita consolação!
Virgem, do undoso Sena à margem vicejante
Crescendo qual violeta, amando qual errante
Formosa borboleta às flores da estação!

Partamos para Auteuil, é lá que vivo agora;
Vê como o dia é belo! ali há sempre aurora
Nas selvas, denso umbror dos bosques de Bolonha.
– Ouve estrondar Paris! Paris delira e sonha
O que realiza lá voluptuar de amor –
Lá onde dorme a noite, acorda a natureza,
Reluz a flor na calma e os hinos da devesa
Ecoam dentro d'alma ais de pungido ardor

Aos jogos nunca foste, às águas do Versailles?
Vamos lá hoje!... ali, palácios e convales
Do rei Luís-catorze alembram grande corte:
Maria Antonieta ali previa a sorte
Dos seus cabelos d'ouro em ondas na *bergère*. –
Tu contarás, voltando... inventa muita coisa,
Prazer de velhos pais, – que viste a bela esposa
Das feras! com chacais dançando La Barrère!

Oh! vamos, meu amor!, costuras abandona;
Deixa por hoje o hotel, que eu... deixo a Sorbona –
E fugitivos, do ar contentes passarinhos,
Perdidos pela sombra e a moita dos caminhos
Até a verde em flor *villa* Montmorency!
De lá, és minha prima andando séria e grave;
Entramos no portão: eu dou-te a minha chave
E sobes, meu condão, ao quarto alvo e *joli*!

Hesitas? ou, senão, sigamos outra via;
Do trem que vai partir a válvula assobia,
O povo se acumula, aqui ninguém a ver-nos:
Fujamos para o céu! que fosse p'ros infernos
Contigo... – *oui* –. Não deixe'estar teu colo nu!

Há gente no *vagon*... sou fúria de ciúme –
Desdobra o véu no rosto... olhos com tanto lume... –
Corria o mês de agosto; entramos em Saint-Cloud.

LUÍS DELFINO | (1834-1910)

CADÁVER DE VIRGEM

Estava no caixão como num leito,
Palidamente fria e adormecida;
As mãos cruzadas sobre o casto peito,
E em cada olhar sem luz um sol sem vida.

Pés atados com fita em nó perfeito,
De roupas alvas de cetim vestida,
O torso duro, rígido, direito,
A face calma, lânguida, abatida...

O diadema das virgens sobre a testa,
Níveo lírio entre as mãos, toda enfeitada,
Mas como noiva que cansou da festa...

Por seis cavalos brancos arrancada,
Onde vais tu dormir a longa sesta
Na mole cama em que te vi deitada?

Nota de R.B. (1980):
Luis Delfino – um poeta que merece voltar
No dia 31 de janeiro deste ano completaram-se os 70 anos de morte do poeta Luís Delfino. Uma boa ocasião de relembrar o poeta que sofreu influências românticas mas oscilou entre o simbolismo e o parnasianismo.
Luís Delfino dos Santos nasceu em 1834 na cidade do Desterro, hoje Florianópolis.

Ele me conta: "Na rua Augusta, em Santa Catarina/ A cama em cima duns pranchões de pinho,/ Aí nasci. Foi este o humilde ninho/ De uma criança mórbida e franzina."

A referida criança prosperou, tornou-se um médico famoso, foi senador do Império e poeta muito conhecido e recitado, embora jamais publicasse um livro.

Só depois de sua morte um de seus filhos catou os versos espalhados por jornais e revistas e com eles fez nada menos de 14 volumes. Todos estão esgotados. Não seria a hora de lançar pelo menos uma boa antologia do poeta?*

Aqui fica a lembrança para os editores. E um soneto que tem o título um tanto infeliz de "Cadáver de virgem" – mas é muito bonito.

*Nota do organizador: Em 1982, portanto dois anos depois, a Fundação Catarinense de Cultura, em Florianópolis, publicou *Poemas escolhidos* de Luís Delfino, seleção e introdução de Nereu Corrêa.

TOBIAS BARRETO | (1839-1889)

IMPROVISO

Esta paixão que me devora o peito,
Esta sede que abrasa-me as entranhas,
para acalmá-la, ao menos por instantes,
Bastava um gole d'água em que te banhas.

1884

Nota de R. B. (1990):
Explicação higiênica
Algum leitor deve estranhar o desejo de Tobias Barreto manifestado na quadra que publicamos nesta página.
Na época também houve quem estranhasse. Conta Sílvio Romero: "Como amigo meu, a quem o improvisador recitara aquela fogosa quadra, que é de seus últimos tempos, lhe notasse pilhericamente que não seria muito asseado, retrucou: 'Perdão!' Esses seres celestes são como os deuses que gozavam do predicado da anamartesia, qualidade essa que os fazia escapar à grosseria das funções naturais; por isso são sempre deliciosamente limpos. E, demais, falo de um banho como o de Sara la Baigneuse, na linha corrente dum regato abundante". Ainda bem!
Mas o importante é contar que o Instituto Nacional do Livro publicou, com a Record, uma edição comemorativa de *Dias e noites*, dentro de um plano de obras completas de Tobias Barreto.

MACHADO DE ASSIS | (1839-1908)

MACHADO DE ASSIS CONCRETISTA

Passei a tarde relendo as *Memórias póstumas de Brás Cubas*, não por nenhum motivo profundo, mas porque Marco Aurélio de Moura Matos, machadiano emérito, me trouxe à casa o volume, que foi o primeiro a ser lançado, em edição crítica pelo Instituto do Livro. Bom, isso: teremos o velho Machado bem direitinho, com o texto cuidado, notas, bibliografia e demais enfeites eruditos.

Mas não vou falar do livro, apenas chamar a atenção de nossos irmãos os poetas concretistas para o capítulo XXXVI, em que Machado de Assis arrisca o seu poeminha concreto, fazendo uma curiosa mistura com a poesia automática, tão ao gosto dos surrealistas. O pai está falando ao Brás, de coisas várias, e ele confessa:

"Eu deixava-me estar ao canto da mesa, a escrever desvairadamente num pedaço de papel, com uma ponta de lápis; traçava uma palavra, uma frase, um verso, um nariz, um triângulo, e repetia-os muitas vezes, sem ordem, ao acaso, assim:

                                        arma virumque cano
A
Arma virumque cano
            arma virumque cano
       arma virumque
                                      arma virumque cano
              virumque

Maquinalmente tudo isto; e, não obstante, havia certa lógica, certa dedução: por exemplo, foi o *virumque* que me fez chegar ao nome do próprio poeta, por causa da primeira sílaba, ia a escrever *virumque*, – e sai-me *Virgílio*, então, continuei:

> Vir   Virgílio
>   Virgílio   Virgílio
>   Virgílio
>   Virgílio"

Pode ser um pouco monótono, o poema de Brás Cubas; mas, positivamente, não pode ser mais concreto...

Nota do organizador: Publicado inicialmente como crônica em O *Globo* de 11 de agosto de 1960, incluído na seção "A poesia é necessária" em *Revista Nacional*, em 1979.

FAGUNDES VARELA | (1841-1875)

A FLOR DO MARACUJÁ

Pelas rosas, pelos lírios,
Pelas abelhas, sinhá,
Pelas notas mais chorosas
Do canto do sabiá,
Pelo cálice de angústias
Da flor do maracujá!

Pelos jasmins, pelo goivo,
Pelo agreste manacá,
Pelas gotas de sereno
Nas folhas do gravatá,
Pela coroa de espinhos
Da flor do maracujá!

Pelas tranças da mãe-d'água
Que junto da fonte está,
Pelos colibris que brincam
Nas alvas plumas do ubá,
Pelos cravos desenhados
Na flor do maracujá!

Pelas azuis borboletas
Que descem do Panamá,
Pelos tesouros ocultos
Nas minhas do Sincorá,
Pelas chagas roxeadas
Da flor do maracujá!

Pelo mar, pelo deserto,
Pelas montanhas, sinhá!
Pelas florestas imensas
Que falam de Jeová!
Pela lança ensanguentada
Da flor do maracujá!

Por tudo o que o céu revela!
Por tudo o que a terra dá,
Eu te juro que minh'alma
De tua alma escrava está!!...
Guarda contigo este emblema
Da flor do maracujá!

Não se enojem teus ouvidos
De tantas rimas em – a –
Mas ouve meus juramentos,
Meus cantos ouve, sinhá!
Te peço pelos mistérios
Da flor do maracujá!

GONÇALVES CRESPO | (1846-1883)

NA ROÇA

Ao Dr. Luís Jardim

Cercada de mestiças, no terreiro,
Cisma a Senhora Moça; vem descendo
A noite, e pouco e pouco escurecendo
O vale umbroso e o monte sobranceiro.

Brilham insetos no capim rasteiro,
Vêm das matas os negros recolhendo;
Na longa estrada ecoa esmorecendo
O monótono canto de um tropeiro.

Atrás das grandes, pardas borboletas,
Crianças nuas lá se vão inquietas
Na varanda correndo ladrilhada.

Desponta a lua; o sabiá gorjeia;
Enquanto às portas do curral ondeia
A mugidora fila da boiada...

LUÍS GUIMARÃES JÚNIOR | (1847-1898)

HORA DE AMOR

Reunimo-nos todos no terraço:
A fria lua sobre nós pairava;
Rescendendo a baunilha, suspirava
A aragem, quente ainda do mormaço.

E Ela pousou o alabastrino braço
Nu sobre o mármore. Seu olhar brilhava
Como a opala ao luar, – e procurava
Os mudos olhos meus, de espaço a espaço.

Uma orquestra, invisível e saudosa,
Cuja harmonia os ecos repetiam
Lançava à noite os ais de Cimarosa:

E quando os mais a música aplaudiam,
Eu, ó madona minha silenciosa,
Ouvia o que os teus olhos me diziam.

CASTRO ALVES | (1847-1871)

TERCEIRA SOMBRA

ESTER

Vem! no teu peito cálido e brilhante
O nardo oriental melhor transpira!...
Enrola-te na longa cachemira,
Como as Judias moles do Levante.

Alva a clâmide aos ventos – roçagante...
Túmido o lábio, onde o saltério gira...
Ó musa de Israel! pega da lira...
Canta os martírios de teu povo errante!

Mas não... brisa da pátria além revoa,
E, ao delamber-lhe o braço de alabastro,
Falou-lhe de partir... e parte... e voa...

Qual nas algas marinhas desce um astro...
Linda Ester! teu perfil se esvai... s'escoa...
Só me resta um perfume... um canto... um rastro...

LÚCIO DE MENDONÇA | (1854-1909)

O REBELDE

É um lobo do mar; numa espelunca
Mora à beira do oceano, em rocha alpestre,
Ira-se a onda, e, qual tigre silvestre,
De mortos vegetais a praia junca.

E ele, olhando como um velho mestre,
O revoltoso que não dorme nunca,
Recurva o dedo como garra adunca,
Sobre o cachimbo, único amor terrestre.

Então, assoma-lhe um sorriso amargo...
É um rebelde também, cérebro largo
Que odeia os reis e os padres excomunga.

Dorme sem rezas, a palhoça torta...
Enorme cão feroz guarda-lhe a porta:
O velho mar soturno que resmunga.

ARTUR AZEVEDO | (1855-1908)

VEM!

Escrúpulos?... Escrúpulos!... Tolice!...
Corre aos meus braços! Vem! Não tenhas pejo!
Traz teu beijo ao encontro do meu beijo
E deixa-os lá dizer que isto é doidice!

Não esperes o gelo da velhice,
Não sufoques o lúbrico desejo
Que nos teus olhos úmidos eu vejo!
Foges de mim?... Farias mal?... Quem disse?

Ora o dever! – o coração não deve!
O amor, se é verdadeiro, não ultraja
Nem mancha a fama embora alva de neve.

Vem!... que o teu sangue férvido reaja!
Amemo-nos, amor, que a vida é breve,
E outra vida melhor talvez não haja!

ALBERTO DE OLIVEIRA | (1857-1937)

CHEIRO DE FLOR
(Notas de um veranista) 27 de janeiro

Fugindo aos estos do verão doentio,
Veio, mudando de ar, melhor saúde
Beber nestes mil metros de altitude
Onde há um frio europeu em pleno estio.

Acha tudo isto insípido, sadio,
Talvez que mesmo poético, mas rude;
As distrações que há na cidade alude,
Lembra as amigas que deixou no Rio.

– Mas o calor? – Ora, o calor! nem tanto,
Viera porque seu médico o mandara.
E os olhos de safira transparente,

Assim falando, têm o brilho e encanto
Que há nas águas azuis da Guanabara,
Quando o dia é mais claro e o sol mais quente.

RAIMUNDO CORREIA | (1859-1911)

NO SALÃO DO CONDE

É noite. Muita luz. Salão repleto
De gente... – "Ó gentes! Pois ninguém recita?
Recite alguma coisa, seu Barreto!"
A voz do conde, entre outras vozes, grita.

Este Barreto é um homem de bonita
Cara, suíças e bigode preto.
Quanto ao nariz... se eu falo, ele se irrita...
Nem cabe tal nariz em tal soneto!

É alto, ama o pão mole e o verso duro;
Já um braço quebrou saltando um muro;
Sofre do peito e faz canções à lua.

Soa o piano. Sua o bardo. A fria
Mão leva à testa; tosse e principia:
– "Era no outono, quando a imagem tua..."

B. LOPES | (1859-1916)

BERÇO

Recordo: um largo verde e uma igrejinha,
Um sino, um rio, um pontilhão e um carro
De três juntas bovinas, que ia e vinha
Rinchando alegre, carregando barro.

Havia a escola, que era azul e tinha
Um mestre mau, de assustador pigarro...
(Meu Deus! que é isto, que emoção a minha
Quando estas coisas tão singelas narro?)

Seu Alexandre, um bom velhinho rico,
Que hospedara a Princesa; o tico-tico
Que me acordava de manhã, e a serra...

Com o seu nome de amor Boa esperança,
Eis tudo quanto guardo na lembrança
Da minha pobre e pequenina terra!

AUGUSTO DE LIMA | (1860-1934)

A SERENATA

Plenilúnio de maio em montanhas de Minas!
Canta ao longe uma flauta, e um violoncelo chora.
Perfuma-se o luar nas flores das campinas,
sutiliza-se o aroma em languidez sonora.

Ao doce encantamento azul das cavatinas,
nessas noites de luz mais belas do que a aurora,
as errantes visões das almas peregrinas,
vão voando a cantar pela amplidão afora.

E chora o violoncelo e a flauta ao longe canta.
Das montanhas, cantando, a névoa se levanta,
Banhada de luar, de sonhos, de harmonia.

Com profano rumor, porém, desponta o dia,
e na última porção da névoa transparente,
a flauta e o violoncelo expiram lentamente.

CRUZ E SOUSA | (1861-1898)

TRIUNFO SUPREMO

Quem anda pelas lágrimas perdido,
Sonâmbulo dos trágicos flagelos,
É quem deixou para sempre esquecido
O mundo e os fúteis ouropéis mais belos!

É quem ficou do mundo redimido,
Expurgado dos vícios mais singelos
E disse a tudo o adeus indefinido
E desprendeu-se dos carnais anelos!

É quem entrou por todas as batalhas
As mãos e os pés e o flanco ensanguentando,
Amortalhado em todas as mortalhas.

Quem florestas e mares foi rasgando
E entre raios, pedradas e metralhas,
Ficou gemendo, mas ficou sonhando!

OLAVO BILAC | (1865-1918)

CREPÚSCULO NA MATA

Na tarde tropical, arfa e pesa a atmosfera.
A vida, na floresta abafada e sonora,
Úmida exalação de aromas evapora,
E no sangue, na seiva e no húmus acelera.

Tudo, entre sombras, – o ar e o chão, a fauna e a flora,
A erva e o pássaro, a pedra e o tronco, os ninhos e a hera,
A água e o réptil, a folha e o inseto, a flor e a fera,
– Tudo vozeia e estala em estos de pletora.

O amor apresta o gozo e o sacrifício na ara:
Guinchos, berros, zenir, silvar, ululos de ira,
Ruflos, chilros, frufrus, balidos de ternura...

Súbito, a excitação declina, a febre para:
E misteriosamente, em gemido que expira,
Um surdo beijo morno alquebra a mata escura...

VICENTE DE CARVALHO | (1866-1924)

VELHO TEMA

I

Só a leve esperança, em toda a vida,
Disfarça a pena de viver, mais nada;
Nem é mais a existência, resumida,
Que uma grande esperança malograda.

O eterno sonho da alma desterrada,
Sonho que a traz ansiosa e embevecida,
É uma hora feliz, sempre adiada
E que não chega nunca em toda a vida.

Essa felicidade que supomos,
Árvore milagrosa que sonhamos
Toda arreada de dourados pomos,

Existe, sim; mas nós não a alcançamos
Porque está sempre apenas onde a pomos
E nunca a pomos onde nós estamos.

EMÍLIO DE MENEZES | (1866-1918)

NOITE DE INSÔNIA

Este leito que é o meu, que é o teu, que é o nosso leito,
Onde este grande amor floriu, sincero e justo,
E unimos, ambos nós, o peito contra o peito,
Ambos cheios de anelo e ambos cheios de susto;

Este leito que aí está revolto assim, desfeito,
Onde humilde beijei teus pés, as mãos, o busto,
Na ausência do teu corpo a que ele estava afeito,
Mudou-se, para mim, num leito de Procusto!...

Louco e só! Desvairado! – A noite vai sem termo
E estendendo, lá fora, as sombras augurais,
Envolve a Natureza e penetra o meu ermo.

E mal julgas, talvez, quando, acaso, te vais,
Quanto me punge e corta o coração enfermo
Este horrível temor de que não voltes mais!...

EMILIANO PERNETTA | (1866-1921)

PARA OS QUE SE AMAM
Ao Americo Facó

Sobre esse lago azul, que um sussurro de brisa
Aquebranta de amor e encrespa de desejo,
Curvo e leve um batel, docemente desliza,
Velas a palpitar radiantes como um beijo...

Dentro, amoroso, vê, um casal se entrelaça,
E enquanto sobre o azul dessas águas quietas,
Voga o batel, os dois, com o mesmo ardor e graça,
Beijam-se, como faz um par de borboletas.

Amam-se. E em derredor do lago, que se ondeia,
Como uma flauta, que soluçasse em surdina,
Pelos ramos em flor um pássaro gorgeia,
E ansioso sobre os dois o próprio céu se inclina.

Ah! que doce frescor ideal de mocidade!
Para vê-los assim, foi que se fez o mundo,
A alegria, o prazer, o ruido, a cidade,
A poesia, o luxo, aquele céu profundo...

Para gozar o amor dessas crianças, vê-las
Os lábios confundir no mesmo sorvedouro,
A noite se enfeitou de arrecadas de estrelas,
E pôs sobre a cabeça um diadema de ouro...

Primaveras em flor brotaram de repente,
Como romãs ideais, bocas luxuriosas,
E floriram canções madrigalescamente,
E encheram-se os jardins de lírios e de rosas...

Ó que frêmito bom, que beijo, e que alvoroço,
E que sonho ideal, e que róseos matizes!
Não há nada melhor do que ser belo e moço...

Senhor, vamos rezar pelos que são felizes!

Nota de R. B. (1983):
Grande precursor do simbolismo, cuja figura maior foi Cruz e Sousa, Emiliano Pernetta foi o príncipe dos poetas paranaenses, e hoje é nome da rua de Curitiba em que mora o contista Dalton Trevisan.

GUIMARÃES PASSOS | (1867-1909)

TEU LENÇO

A Alcindo Guanabara

Esse teu lenço que eu possuo e aperto
De encontro ao peito quando durmo, creio
Que hei de um dia mandar-to, pois roubei-o
E foi meu crime, em breve, descoberto.

Luto, contudo, a procurar quem certo
Possa nisto servir-me de correio;
Tu nem calculas qual o meu receio,
Se, em caminho, te fosse o lenço aberto...

Porém, ó minha vívida quimera!
Fita as bandas que habito, fita e espera,
Que, enfim, verás, em trêmulos adejos,

Em cada poema um beija-flor pegando
Ir o teu lenço pelo espaço voando,
Pando, enfunado, côncavo de beijos.

MÁRIO PEDERNEIRAS | (1868-1915)

VELHA MANGUEIRA
(fragmento)

Com que tristeza amarga,
Desconsolada e rara,
Eu te contemplo agora,
Minha velha Mangueira, à cuja sombra larga
Tanta vez repousara
Toda a ventura irreal do meu viver d'outr'ora.

Pelo tempo feliz de há dois meses passados,
– Tempo de Sol sereno e jalde –
Tu eras, para os meus cuidados,
O sítio predileto
Do meu pobre afeto,
E a mais linda Mangueira do arrabalde.

Hoje, me traz aqui esta enorme, esta doce,
Esta incrível Saudade em que vivo e me agito,
Das que estão sob a paz dos salgueiros esguios,
Que o Destino me trouxe
Ao calor dos Estios
E o Inverno levou para o Céu infinito.

Era aqui (com que Dor neste instante me valho
Destas recordações fundas, imorredouras)
Era aqui que eu buscava enlevado, orgulhoso,
À volta do trabalho,
A calma de um repouso
E o Sol daquelas cabecinhas louras.

Como que ainda escuto as longas algazarras,
A alegria infantil em que as via e animava,
Na doce proteção da tua sombra honesta...
Era então para mim um momento de festa,
Sobre a glória do Sol, que a tombar despertava
A Saudade rural do cantar das cigarras.

E mais consolo havia
Neste simples refúgio verde e tosco,
Que um fim de Sol fulvo aquecia,
Quando,
O vulto senhoril de minha Mãe chegando
Aqui ficava a conversar conosco.

E esta árvore amiga,
Por onde
Esta pobre ilusão inda agora se abriga,
Cerrando ainda mais as ramadas espessas,
A larga proteção da sua vasta fronde,
Abria, em para-sol, sobre as nossas cabeças.

Aqui ficavam – meu pequeno mundo,
Minhas altas venturas,
Repousadas, assim, neste pouco de alfombra...
E que me resta agora? O silêncio profundo,
Tanta recordação daquelas criaturas
E o triste funeral da tua vasta Sombra.

ALPHONSUS DE GUIMARAENS | (1870-1921)

ROSAS

Rosas que já vos fostes, desfolhadas
Por mãos também que já se foram, rosas
Suaves e tristes! rosas que as amadas,
Mortas também, beijaram suspirosas...

Umas rubras e vãs, outras fanadas,
Mas cheias do calor das amorosas...
Sois aroma de alfombras silenciosas,
Onde dormiram tranças destrançadas.

Umas brancas, da cor das pobres freiras,
Outras cheias de viço e de frescura,
Rosas primeiras, rosas derradeiras!

Ai! quem melhor que vós, se a dor perdura,
Para coroar-me, rosas passageiras,
O sonho que se esvai na desventura?

AUGUSTO DOS ANJOS | (1884-1914)

VERSOS A UM COVEIRO

Numerar sepulturas e carneiros,
Reduzir carnes podres a algarismos,
Tal é, sem complicados silogismos,
A aritmética hedionda dos coveiros!

Um, dois, três, quatro, cinco... Esoterismos
Da Morte! E eu vejo, em fúlgidos letreiros,
Na progressão dos números inteiros
A gênese de todos os abismos!

Oh! Pitágoras da última aritmética,
Continua a contar na paz ascética
Dos tábidos carneiros sepulcrais

Tíbias, cérebros, crânios, rádios e úmeros,
Porque, infinita como os próprios números,
A tua conta não acaba mais!

DA COSTA E SILVA | (1885-1950)

SAUDADE

Saudade! Olhar de minha mãe rezando,
E o pranto lento deslizando em fio...
Saudade! Amor da minha terra... O rio
Cantigas de águas claras soluçando.

Noites de junho... O caburé com frio,
Ao luar, sobre o arvoredo, piando, piando...
E, ao vento, as folhas lívidas cantando
A saudade imortal de um sol de estio.

Saudade! Asa de dor do Pensamento!
Gemidos vãos de canaviais ao vento...
As mortalhas de névoa sobre a serra...

Saudade! O Parnaíba – velho monge
As barbas brancas alongando... E, ao longe,
O mugido dos bois da minha terra...

GUILHERME DE ALMEIDA | (1890-1969)

NÓS

XXV

O nosso ninho, a nossa casa, aquela
nossa despretensiosa água-furtada
tinha sempre gerânios na sacada
e cortinas de tule na janela.

Dentro, rendas, cristais, flores... Em cada
canto, a mão da mulher amada e bela
punha um riso de graça. Tagarela,
teu canário cantava à minha entrada.

Cantava... E eu te entrevia, à luz incerta,
braços cruzados, muito branca, ao fundo,
no quadro claro da janela aberta.

Vias-me... E então, num súbito tremor,
fechavas a janela para o mundo
e me abrias os braços para o amor!

CORA CORALINA | (1889-1985)

O CÂNTICO DA TERRA

Eu sou a terra, eu sou a vida.
Do meu barro primeiro veio o homem,
De mim veio a mulher e veio o amor
Veio a árvore, veio a fonte
Vem o fruto e vem a flor.

Eu sou a fonte original de toda vida,
Sou o chão que se prende à tua casa,
Sou a telha da coberta de teu lar,
A mina constante de teu poço;
Sou a espiga generosa de teu gado,
E certeza tranquila ao teu esforço.
Sou a razão de tua vida.
De mim vieste pela mão do Criador,
E a mim tu voltarás no fim da vida.
Só em mim acharás descanso e Paz.

Eu sou a grande Mãe Universal
Tua filha, tua noiva e desposada,
A mulher e o ventre que fecundas
Sou a gleba, a gestação, eu sou o amor.
A ti, ó lavrador, tudo quanto é meu,
Teu arado, tua foice, teu machado,
O berço pequenino do teu filho,
O algodão de tua veste,
E o pão de tua casa.

E um dia bem distante
A mim tu voltarás
E no canteiro materno de meu seio
Tranquilo dormirás.

Nota de R. B. (1982):
É graças a uma gentileza de Jorge Baleeiro de Lacerda, residente em Francisco Beltrão, Paraná, que transcrevemos este poema de Cora Coralina, publicado na *Folha do Sudoeste* daquela cidade. Cora Coralina tornou-se conhecida por uma reportagem do *Fantástico*, e outras entrevistas na televisão.
Seu nome civil é Ana Lins dos Guimarães Peixoto Bretas, e nasceu em 1889; é viúva, mãe de cinco filhas; seu pai, desembargador, morreu antes que ela nascesse, e Ana teve uma infância muito pobre e ruim.
Não sei o que mais impressiona nessa mulher; se sua extraordinária vitalidade aos 93 anos – ela diz seus versos com uma voz veemente – se a excelente qualidade desses versos.
Ela vive numa casinha à margem do rio Vermelho, a 150 quilômetros de Goiânia. E disse ao entrevistador: "Estou no período mais fértil de minha vida, Jorge."

FELIPPE D'OLIVEIRA | (1890-1933)

O EPITÁFIO QUE NÃO FOI GRAVADO

Todos sentiram quando a morte entrou
com um frêmito apressado de retardatária.

A que tinha de morrer, – a que a esperava, –
fechou os olhos
fatigados de assistirem ao mal-entendido da vida.

Os que a choravam sabiam-na sem pecado,
consoladora dos aflitos,
boca de perdão e de indulgência,
corpo sem desejo,
voz sem amargor.

A que tinha de morrer fechou os olhos fatigados,
mas tranquilos...
Porque os que a choravam nunca saberiam
o rancor sem perdão de sua boca,
o desejo saciado de seu corpo,
o amargor de sua voz,
a sua angústia de arrastar até o fim a alma
    postiça que lhe fizeram,
o seu cansaço imenso de abafar, secretos,
    na carne ansiosa,
a perfeição e o orgulho de pecar.

A que tinha de morrer fechou os olhos para sempre
e os que a choravam
nunca souberam de alguém que foi de todos
    junto ao leito à hora do exausto
    coração parar
o mais distante,
o mais imóvel,
o que não soluçou,
o que não pôde erguer as pálpebras pesadas,
o que sentiu clamar no sangue o desespero de sobreviver,
o que estrangulou na garganta o grito
    dilacerado do solitário,
o que depôs, sobre a serenidade da morte purificadora,
a redenção do silêncio,
como uma pedra votiva de sepulcro.

EDUARDO GUIMARAENS | (1892-1928)

SONETO

Ansiosamente, a áspera ladeira
subo, a fatal e ríspida subida,
que dizem ser pior do que a descida,
ao escoar da hora derradeira...

Sigo essa estrela, pálida romeira,
que promete levar-me a uma outra vida...
Mas esse ideal de terra prometida
bem pode ser uma ilusão traiçoeira!

Sigo, apesar de ouvir a todo instante
uma voz d'entre as sombras malfazejas,
voz que me diz, palidamente triste:

– "Embalde segues, doido caminhante!
O que existe, não queres nem desejas
E aquilo que procuras, não existe."

MENOTTI DEL PICCHIA | (1892-1988)

HUMILDE SÚPLICA

Eu pediria, Senhor, um crepúsculo tranquilo.

Que delícia não ter mais nada que arrancar à alma
perder o tato para a carícia
e na boca neutra sentir inapetência
por todos os vinhos.

Eu já disse adeus a muitas coisas
mas de outras inda custa despedir-me.

Senhor, dai-me a ventura de ver descer a noite
sem me importar com as estrelas.

O tempo me dissolveu nas horas
e a treva e o silêncio já estão cheios de mim.

Nada me falta. Tenho tudo que já tive.

Deixai-me agora quieto
ouvindo com volúpia
um murcho cair de pétalas
de uma roseira que não dará mais rosas.

GRACILIANO RAMOS | (1892-1953)

GRACILIANO RAMOS CONCRETISTA

Na pensão em que a gente morava, no Catete, a comida às vezes era fraca porque a dona, uma viúva, ia ao Cassino da Urca e perdia seu dinheiro no número da catacumba do Fleury. Mas a gente não reclamava, porque pagava pouco e com atraso.

Lembro-me de um investigador de polícia que morava lá; presença incômoda, porque éramos quase todos gente não muito limpa na Polícia Política, a começar por Graciliano Ramos, que tinha acabado de chegar, ainda de coco rapado, da Ilha Grande, e estava escrevendo *Vidas secas*. Pois o "tira" procurava ser simpático e até mesmo intelectual; e uma vez, ao jantar, pediu a nossa opinião sobre Victor Hugo. O velho Graça não se fez de rogado:

– Victor Hugo? Uma besta!

O rapaz ficou desolado. Mas Graciliano era assim. A dona da pensão não acertava seu nome, e o chamava de Brasiliano; ele a princípio reclamava, depois se conformou, me explicando: "Eu pago tão pouco que ela pode me chamar como quiser". Mas era intransigente em outras coisas, inclusive em Victor Hugo. E sobre poesia em geral gostava de dizer: "Não leio, não entendo, sou burro, não gosto, não percebo".

Era mentira; mas de algum modo fazia parte de sua verdade. Pois há tempos, a propósito de uma crônica que escrevi sobre um arremedo de poema concretista de Machado de Assis, me escreveu Xavier Placer citando um trecho do grande romance *Angústia*, em que Graciliano Ramos, mais de 20 anos antes da eclosão poética do concretismo no Brasil, fazia seu julgamento de maneira um tanto áspera...

Está nas páginas 6 e 7 da 2ª edição de *Angústia*:

Em duas horas escrevo uma palavra: Marina. Depois, aproveitando letras deste nome, arranjo coisas absurdas: ar, mar, rima, ira, amar. Uns vinte nomes. Quando não consigo formar combinações novas, traço rabiscos que representam uma espada, uma lira, uma cabeça de mulher e outros disparates.

Tristeza e raiva. Ar, mar, ria, armar, ira. Passatempo estúpido.

Nota do organizador: Publicado inicialmente como crônica em O *Globo* de 20 de agosto de 1960, incluído na seção "A poesia é necessária" em *Revista Nacional*, em 1979.

MÁRIO DE ANDRADE | (1893-1945)

LIRA PAULISTANA

Na rua Barão de Itapetininga
O meu coração não sabe de si,
Não se vê moça que não seja linda,
Minha namorada não passeia aqui.

Na rua Barão de Itapetininga
Minha aspiração não aguenta mais,
A tarde caindo, a vida foi longa,
Mas a esperança já está no cais.

Na rua Barão de Itapetininga
Minha devoção quebra duma vez,
Porque a mulher que eu amo está longe,
É... a princesa do império chinês.

Na rua Barão de Itapetininga
Noite de São João qualquer mês terá,
Em mil labaredas de fogo e sangue
Bandeira ardente tremulará.

Na rua Barão de Itapetininga
Minha namorada vem passear.

RONALD DE CARVALHO | (1893-1935)

ESTE PERFUME...

Este perfume de lírios e framboesas é toda a infância!
(Murmuram os riachos em que entrávamos os pés descalços,
as mãos ávidas em busca das lagostas cor de limo,
voam as borboletas azuis, zinem as cigarras, zumbem os besouros!)

Este perfume...

(Gemem os bambuais, soa a buzina dos tropeiros,
espalha-se no ar o cheiro das tangerinas e dos cambucás;
passam caçadores com enfiadas de passarinhos...
Como brilham teus olhos de cobiça,
teus olhos como brilham novamente!)

Este perfume...

(Não tocas mais os minuetos de Mozart...
dize: quem apanha agora as lagostas cor de limo,
quem apanha as borboletas azuis?...)

Este perfume de lírios e framboesas...

Nota de R. B. (1953):
Ronald de Carvalho (hoje é uma rua no Lido, aonde eu fui feliz outrora) nasceu em 1893, trabalhou em jornal sob a direção de

Rui Barbosa, tomou parte na Semana de Arte Moderna em que foi violentamente vaiado, publicou nessa ocasião seus *Epigramas irônicos e sentimentais*; antes fizera dois livros de versos inferiores e depois escreveu *Toda América* e vários ensaios e estudos, inclusive a hoje clássica *Pequena história da literatura brasileira*. Bacharel, foi também diplomata, e assumiu a direção do Itamaraty por ocasião do golpe de 30. Serviu em Paris e Haya; promovido a ministro, veio para o Rio ser secretário da Presidência da República.

Graças à sua bela redação, o sr. Getúlio Vargas teve um pretexto para ordenar à Academia de Letras que o elegesse (a ele, Getúlio) acadêmico, pelos seus bons discursos. Com a estúpida morte de Ronald em um desastre de automóvel, em 1935, a literatura presidencial ainda se socorreu em Queiroz Lima, mas foi caindo para sempre até a lamentável chatice atual. O poema que reproduzimos é dos *Epigramas* (1931).

JORGE DE LIMA | (1893-1953)

SONETO XV
(de *Invenção de Orfeu*)

A garupa da vaca era palustre e bela,
uma penugem havia em seu queixo formoso;
e na fronte lunada onde ardia uma estrela
pairava um pensamento em constante repouso.

Esta a imagem da vaca, a mais pura e singela
que do fundo do sonho eu às vezes esposo
e confunde-se à noite à outra imagem daquela
que ama me amamentou e jaz no último pouso.

Escuto-lhe o mugido – era o meu acalanto,
e seu olhar tão doce inda sinto no meu:
o seio e o ubre natais irrigam-me em seus veios.

Confundo-os nessa ganga informe que é meu canto:
semblante e leite, a vaca e a mulher que me deu
o leite e a suavidade a manar de dois seios.

ANÍBAL MACHADO | (1894-1964)

NA SACADA BARROCA

Lambe essa cornija, lambe!
Passa tuas mãos pelos beirais, passa!
Raspa o jacarandá, a pedra antiga.
Prepara a infusão de nostalgia e bebe.
Descerão dentro em pouco os antepassados com o gado, o canavial, as minas. E virá te servir, sorrindo, a negra escrava púbere.
Eis-te no velho casarão, a procurar as vozes, o linho e o leito irreversíveis.
A ouvir o sussurro da reza avoenga.
Atento à passagem do Capitão-General.
Tal como te querias, calmo no adro da Matriz. Interdito ante as inscrições latinas da pedra.
(Ah! os tempos são duros e a Ásia se levanta.)
Eis-te, enfim, sem compromissos na sacada barroca.
Ouvindo a circulação do vazio no murmúrio do chafariz.

ALCEU WAMOSY | (1895-1923)

DUAS ALMAS
A Coelho da Costa

Ó tu, que vens de longe, ó tu, que vens cansada,
entra, e sob este teto encontrarás carinho:
Eu nunca fui amado, e vivo tão sozinho,
vives sozinha sempre, e nunca foste amada...

A neve anda a branquear, lividamente, a estrada,
e a minha alcova tem a tepidez de um ninho.
Entra, ao menos até que as curvas do caminho
se banhem no esplendor nascente da alvorada.

E amanhã, quando a luz do sol dourar, radiosa,
essa estrada sem fim, deserta, imensa e nua,
podes partir de novo, ó nômade formosa!

Já não serei tão só, nem irás tão sozinha:
Há de ficar comigo uma saudade tua...
Hás de levar contigo uma saudade minha...

Nota de R. B. (anos 1980):
Antigamente as moças inteligentes tinham álbuns de poemas, e este soneto nunca deixava de estar lá. É também dos sonetos mais recitados do Brasil em todos os tempos. (Uma curiosidade: Pablo Neruda sabia-o de cor.) Wamosy foi dos últimos simbolistas, e seu nome de batismo foi escolhido pelo seu padrinho, o poeta português Guerra Junqueiro. Jornalista, tomou parte da luta de 1923 como voluntário a favor do governo estadual (o velho Borges); era alferes-secretário, foi ferido no combate de Ponche Verde, morreu nos braços da mãe e da noiva, com quem se casou *in-extremis*. Morte mais romântica do que simbolista. De qualquer modo, muito gaúcha.

RAUL DE LEONI | (1895-1926)

HISTÓRIA ANTIGA

No meu grande otimismo de inocente,
Eu nunca soube por que foi... um dia,
Ela me olhou indiferentemente,
Perguntei-lhe por que era... Não sabia...

Desde então, transformou-se de repente
A nossa intimidade correntia
Em saudações de simples cortesia
E a vida foi andando para a frente...

Nunca mais nos falamos... vai distante...
Mas, quando a vejo, há sempre um vago instante
Em que seu mudo olhar no meu repousa,

E eu sinto, sem no entanto compreendê-la,
Que ela tenta dizer-me qualquer cousa,
Mas que é tarde demais para dizê-la...

TASSO DA SILVEIRA | (1895-1968)

BALADA DE EMILY BRONTË

No Morro do Vento Uivante
o vento passa, uivando...

No Morro do Vento Uivante
há um velho casarão sombrio
cheio de salas vazias
e corredores vazios...
A noite toda uma porta
geme agoniadamente.
Pelas vidraças partidas
silvam longos assovios,
no ar de abandono e de medo
passam bruscos arrepios...

No Morro do Vento Uivante
o vento passa...
    Emily Brontë
não pares a história... Conta!
conta, conta, conta, conta!

Dá-me outra vez aquele medo
que encheu minha infância morta
de sonhos e de arrepios..

No Morro do Vento Uivante

Depois que os anos passaram
como ficaram meus dias
vazios... vazios...

ANA AMÉLIA CARNEIRO DE MENDONÇA | (1896-1971)

SONETO

Toda pena de amor, por mais que doa
No próprio amor encontra recompensa
As lágrimas que causam indiferença
Seca-as depressa uma palavra boa.

A mão que fere, o ferro que aguilhoa,
Obstáculos não são que o amor não vença
Amor transforma em luz a treva densa,
Por um sorriso, o Amor tudo perdoa.

Ai de quem muito amar não sendo amado
E depois de sofrer tanta amargura,
Pela mão que o feriu não foi curado.

Noutra parte há de em vão buscar ventura
Fica-lhe o coração despedaçado
Que o mal de amor, só nesse amor tem cura.

RODRIGUES DE ABREU | (1897-1927)

MAR DESCONHECIDO

Se eu tivesse tido saúde, rapazes,
não estaria aqui fazendo versos.
Já teria percorrido todo o mundo.
A estas horas, talvez os meus pés estivessem quebrando
o último bloco de gelo
da última ilha conhecida de um dos polos.
Descobriria um mundo desconhecido,
para onde fossem os japoneses
que teimam em vir para o Brasil...
Porque em minha alma se concentrou
toda a ânsia aventureira
que semeou nos cinco oceanos deste mundo
buques de Espanha e naus de Portugal!
Rapazes, eu sou um marinheiro!

Por isso em dia vindouro, nevoento,
porque há de ser sempre de névoa esse dia supremo,
eu partirei numa galera frágil
pelo Mar Desconhecido.
Como em redor dos meus antepassados
que partiram de Sagres e de Palos,
o choro estalará em derredor de mim.
Será agudo e longo como um uivo,
o choro de minha tia e minha irmã.
Meu irmão chorará, castigando, entre as mãos,
o pobre rosto apavorado.

E até meu pai, esse homem triste e estranho,
que eu jamais compreendi, estará soluçando,
numa angústia quase igual à que lhe veio,
quando mamãe se foi numa tarde comprida...

Mas nos meus olhos brilhará uma chama inquieta.
Não pensem que será febre.
Será o Sant'Elmo que brilhou nos mastros altos
das naves tontas que se foram à Aventura.
Saltarei na galera apodrecida,
que me espera no meu porto de Sagres,
no mais áspero cais da vida.
Saltarei um pouco feliz, um pouco contente,
porque não ouvirei o choro de minha mãe.
O choro das mães é lento e cansado.
E é o único choro capaz de chumbar à terra firme
o mais ousado mareante.

Com um golpe rijo cortarei as amarras.
Entrarei, um sorriso nos lábios pálidos,
pelo imenso Mar Desconhecido.
Mas, rapazes, não gritarei *jamais*!
não gritarei *nunca*! não gritarei *até a outra vida*!
Porque eu posso muito bem voltar do Mar Desconhecido,
para contar a vocês as maravilhas de um país estranho.
Quero que vocês, à moda antiga, me bradem *boa viagem*!,
e tenham a certeza de que serei mais feliz.
Eu gritarei *Até breve*! e me sumirei na névoa espessa,
fazendo um gesto carinhoso de despedida.

AUSTREGÉSILO DE ATHAYDE | (1898-1993)

PETIÇÃO

Olhos, que me inspirais o caminho da vida,
Caminho de fulgor, cujo termo é o Bem...
Olhos! bons! arrancai da minha alma descrida,
As farpas deste Amor, que meus passos detêm!

Será pleno o escuror do meu viver, perdida
A Esperança falaz de prosseguir além
Sob o pálio de luz desta estrela querida...
E quem me há de amparar, nestas trevas? Ninguém.

Olhos, não me deixes, eu vos peço, chorando,
Mareante, sem fanal, em meio da procela,
Sem estrela, no céu, pelas ondas, vagando.

Repousai sobre mim, irradiação singela!
Meu espírito de Eleito Eterno preparando,
Para as bodas ideais de um Homem com uma
                                    Estrela...

Rio de Janeiro, setembro de 1918

Nota de R. B. (1989):
Belarmino de Athayde foi o nome usado para assinar esse soneto pelo nosso muito conhecido e respeitado Austregésilo de Athayde, presidente da Academia Brasileira de Letras. Esse foi o único poema que fez em toda a sua vida – e que é publicado pela primeira vez e com exclusividade pela *Revista Nacional*.

SÉRGIO MILLIET | (1898-1966)

O MAR OUTRORA...

O mar outrora era aventura
e seduzia-me a aventura.
Que me seduz agora?

Agora o mar é um desconsolo,
até outrora é um desconsolo
se penso nele agora.

Pra viver tudo era pretexto
outrora. Um riso era pretexto.
Qual o pretexto agora?

Por que se aquieta o coração
de quem viveu do coração?
Por que se aquieta agora?

Veleiro ancorado no porto
já teme o mar fora do porto.
Quer descansar agora...

Outrora o mar era aventura,
por que tanta amargura agora?

Nota de R. B. (1954):
Sérgio Milliet é homem de singular importância da paisagem cultural paulista, amplamente conhecido e admirado pelos seus livros

de crítica literária e artística, poesia, estudos, ensaios, novelas, histórias, sociologia. No ano passado amigos seus juntaram quinze poemas em uma edição de 150 exemplares. Aqui publicamos o último desses poemas da idade madura. Sérgio está na Suíça dando cursos de cultura brasileira.

RAUL BOPP | (1898-1984)

COBRA NORATO

III

Sigo depressa machucando a areia
Erva-picão me arranhou
Caules gordos brincam de afundar na lama
Galhinhos fazem 'psiu'

Deixa eu passar que vou pra longe

Moitas de tiririca entopem o caminho

– Ai Pai-do-mato!
quem me quebrou com mau-olhado
e virou meu rasto no chão?

Ando já com os olhos murchos
de tanto procurar a filha da rainha Luzia

O resto da noite me enrola

A terra agora perde o fundo
Um charco de umbigo mole me engole

Onde irei eu
que já estou com o sangue doendo
das mirongas da filha da rainha Luzia?

Nota de R. B. (1979):
Ninguém sentiu a natureza da Amazônia como o louro gaúcho Bopp; nenhum poema brasileiro tem tanto gosto de terra, de água, de árvore, de bicho como *Cobra Norato*, com certeza a obra-prima do modernismo brasileiro. A estupenda proeza *Macunaíma*, de Mário de Andrade, é algo de livresco ao lado desses versos do homem que disse: "a maior volta ao mundo que eu dei foi na Amazônia... O mato e as estrelas conversando em voz baixa..."
Raul Bopp ouviu e contou como ninguém essa conversa.

REYNALDO MOURA | (1900-1965)

ASCENSÃO

Na rua longa cinzenta
Da cidade tentacular
Diante de paredões altos como desdens,
Entre árvores urbanas,
O homem sentimental parou ouvindo a voz dos anjos.

Era um Internato.
Das janelas de cima, sob o crepúsculo,
Vinham vozes virgens.
E todas as vozes se misturavam numa só voz de ascensão religiosa
Que parecia um voo azul dentro da tarde triste.
O homem sentiu asas em torno,
Asas invisíveis de coisas vagas e profundas,
Asas do Sonho.
E prolongou seu pensamento veloz para o céu e para os lírios
Para o aroma branco das virgens
Para os losangos coloridos dos vitrais.
Mas o pensamento era insignificante dentro da redoma do cântico.
Então o homem prolongou o coração como um raio dentro do
 [frêmito da música.
Para a hóstia da música
Que vinha da garganta pura das enclausuradas,
E teve a sensação vesperal
De que todas aquelas vozes de anjos reunidas na luz diante da
 [música do órgão
Eram apelos frementes,
Lancinantes,

De corpos nupciais ansiosamente amanhecendo,
Castidades angustiadas, açucenais,
Desfeitas em flamas de incenso
Sob o olhar frio das Santas e das Irmãs.

Um cipreste escuro erguia na tarde murcha
A sombra esguia como a morte,
E havia rosas no jardim do Internato.
Então o homem amou a glória pura daquele desejo
Que punha na eternidade o seu minuto de ascensão.

Nota de R. B. (1954):
Nascido em Santa Maria, Rio Grande do Sul, começou a escrever na imprensa de Porto Alegre; seu primeiro livro foi uma novela "forte", *A ronda dos anjos**, cuja edição o autor mais tarde andou recolhendo. Publicou depois *Outono*, onde há poemas a Francis Jammes e Eduardo Guimaraens, e onde fomos buscar esta "Ascensão", poema escrito há uns 20 anos.

* Nota do organizador: *A ronda dos anjos sensuais* (Edições Columbia, 1935).

ISMAEL NERY | (1900-1934)

A VIRGEM INÚTIL

Eu não lhe pertenci porque não quis.
Não fui de ninguém, nem sou minha.
Nasci no dia 9 de julho de 1909
E não sei quando morrerei.
Fui criança que não brincou
E moça que não namorou.
Sou mulher que não tem desejos.
Serei velha sem passado,
Só gosto de estar deitada
Olhando não sei p'ra onde.
Passo horas sem pensar,
Passo dias sem comer,
Passo anos sem mexer
No quarto azul que me deram.
Nasci nele, vivo nele e nele talvez morrerei,
Se não aparecer aquele
Que sempre esperarei sem cansaço,
Que me fará levantar, andar e pensar,
Que me ensinará o nome de meus pais e das partes do meu corpo.
Eu espero alguém que talvez não venha
Mas que sei que existe,
Porque sei que existo.

GILBERTO FREYRE | (1900-1987)

REDE

A vida do senhor de engenho tornou-se uma vida de rede.
Rede parada
com o senhor descansando, dormindo, cochilando.
Rede andando com o senhor em viagem
ou a passeio
debaixo de tapetes e cortinas.
Da rede não precisava afastar-se o escravocrata
para das ordens aos negros
mandar escrever as suas cartas pelo caixeiro ou pelo capelão
jogar as cartas com algum parente ou compadre.
De rede viajavam quase todos
sem ânimo para montar o cavalo,
deixando-se tirar de dentro de casa como geleia
por uma colher.
Depois do almoço ou do jantar era na rede
que eles faziam longamente o quilo
arrotando
palitando os dentes
fumando charutos,
peidando
deixando-se abanar, agradar e catar piolho pelas molequinhas.
Mas souberam ser duros e valentes em momentos de perigo,
empunhar espadas e repelir estrangeiros afoitos,
esses homens moles, de mãos de mulher,
amigos exagerados da rede, volutuosos do ócio,
aristocratas com vergonha de ter pernas
e pés para andar e pisar no chão como qualquer escravo ou plebeu.

JOÃO ALPHONSUS | (1901-1944)

EM MEMÓRIA DE UM QUALQUER

Terminou a vida. Mais nada nem ninguém.
Mas esta voz melodiosa de onde?
E este silêncio que pesa sobre todos os fins.
Terminou a vida. A vida ficou.

Pisa de leve, que a terra vai florir feito uma benção.
Pisa com amor, porque os mortos estão debaixo da terra.
Aos pares, aos grupos, rilhando os dentes, tremendo de frio.
No lodo das chuvas, na poeira das ruas. Pisa de leve.

De leve sim, com a resolução do desespero.
Sei lá! Mesmo talvez com cinismo. E um passo adiante
O notâmbulo que entra de súbito numa rua sombria
Não sente mais frio nem calor que na rua iluminada.
Mas a alma pode se confranger no mistério subitâneo.
Irmão da sombra, essência da sombra. Um passo adiante.

O mistério banal que nasce das esquinas escuras.
O sujeito pode querer garantir os níqueis que tem no bolso.
Pode querer garantir sua alma contra o pecado
Pode assoviar baixinho para romper o silêncio e a sombra.

Pode mesmo cantar qualquer canção de infância.
Braços maternais que o apertaram bastante.
E uma voz que vem de longe, e uma voz que vem de longe.
Sem começo nem fim.
Terminou a vida.

Nota de R. B. (1955):
Um dos grandes contistas do Brasil ("Galinha Cega", "Sardanapalo", "Eis a Noite"), João Alphonsus nasceu em 1901 e faleceu em 1944. Começou fazendo versos e não deixou de fazê-los discretamente, embora sua força se manifestasse inteira na ficção. O poema desta página é de 1937.

MURILO MENDES | (1901-1975)

JANDIRA

O mundo começava nos seios de Jandira.

Depois surgiram outras peças da criação:
Surgiram os cabelos para cobrir o corpo,
(Às vezes o braço esquerdo desaparecia no caos).
E surgiram os olhos para vigiar o resto do corpo.
E surgiram sereias da garganta de Jandira:
O ar inteirinho ficou rodeado de sons
Mais palpáveis do que pássaros.
E as antenas das mãos de Jandira
Captavam objetos animados, inanimados,
Dominavam a rosa, o peixe, a máquina.
E os mortos acordavam nos caminhos visíveis do ar
Quando Jandira penteava a cabeleira...

Depois o mundo desvendou-se completamente,
Foi-se levantando, armado de anúncios luminosos.
E Jandira apareceu inteiriça,
Da cabeça aos pés.
Todas as partes do mecanismo tinham importância.
E a moça apareceu com o cortejo do seu pai,
De sua mãe, de seus irmãos.
Eles é que obedeciam aos sinais de Jandira
Crescendo na vida em graça, beleza, violência.
Os namorados passavam, cheiravam os seios de Jandira
E eram precipitados nas delícias do inferno.
Eles jogavam por causa de Jandira,

Deixavam noivas, esposas, mães, irmãs
Por causa de Jandira.
E Jandira não tinha pedido coisa alguma.
E vieram retratos no jornal
E apareceram cadáveres boiando por causa de Jandira.
Certos namorados viviam e morriam
Por causa de um detalhe de Jandira.
Um deles suicidou-se por causa da boca de Jandira.
Outro, por causa de uma pinta na face esquerda de Jandira.

E os seus cabelos cresciam furiosamente com a força das máquinas;
Não caía nem um fio,
Nem ela os aparava.
E sua boca era um disco vermelho
Tal qual um sol mirim.
Em roda do cheiro de Jandira
A família andava tonta.
As visitas tropeçavam nas conversações
Por causa de Jandira.
E um padre na missa
Esqueceu de fazer o sinal da cruz por causa de Jandira.
E Jandira se casou.
E seu corpo inaugurou uma vida nova,
Apareceram ritmos que estavam de reserva,
Combinações de movimento entre as ancas e os seios.
À sombra do seu corpo nasceram quatro meninas que repetem
As formas e os sestros de Jandira desde o princípio do tempo.

E o marido de Jandira
Morreu na epidemia de gripe espanhola.
E Jandira cobriu a sepultura com os cabelos dela.

Desde o terceiro dia o marido
Fez um grande esforço para ressuscitar:
Não se conforma, no quarto escuro onde está,
Que Jandira viva sozinha,
Que os seios, a cabeleira dela transtornem a cidade
E que ele fique ali à toa.

E as filhas de Jandira
Inda parecem mais velhas do que ela.
E Jandira não morre,
Espera que os clarins do juízo final
Venham chamar seu corpo,
Mas eles não vêm,
E mesmo que venham, o corpo de Jandira
Ressuscitará inda mais belo, mais ágil e transparente.

CARLOS DRUMMOND DE ANDRADE | (1902-1987)

A MÁQUINA DO MUNDO

E como eu palmilhasse vagamente
uma estrada de Minas, pedregosa,
e no fecho da tarde um sino rouco

se misturasse ao som de meus sapatos
que era pausado e seco; e aves pairassem
no céu de chumbo, e suas formas pretas

lentamente se fossem diluindo
na escuridão maior, vinda dos montes
e de meu próprio ser desenganado,

a máquina do mundo se entreabriu
para quem de a romper já se esquivava
e só de o ter pensado se carpia.

Abriu-se majestosa e circunspecta,
sem emitir um som que fosse impuro
nem um clarão maior que o tolerável

pelas pupilas gastas na inspeção
contínua e dolorosa do deserto,
e pela mente exausta de mentar

toda uma realidade que transcende
a própria imagem sua debuxada
no rosto do mistério, nos abismos.

Abriu-se em calma pura, e convidando
quantos sentidos e intuições restavam
a quem de os ter usado os já perdera

e nem desejaria recobrá-los,
se em vão e para sempre repetimos
os mesmos sem roteiro tristes périplos,

convidando-os a todos, em coorte,
a se aplicarem sobre o pasto inédito
da natureza mítica das coisas,

assim me disse, embora voz alguma
ou sopro ou eco ou simples percussão
atestasse que alguém, sobre a montanha,

a outro alguém, noturno e miserável,
em colóquio se estava dirigindo:
"O que procuraste em ti ou fora de

teu ser restrito e nunca se mostrou,
mesmo afetando dar-se ou se rendendo,
e a cada instante mais se retraindo,

olha, repara, ausculta: essa riqueza
sobrante a toda pérola, essa ciência
sublime e formidável, mas hermética,

essa total explicação da vida,
esse nexo primeiro e singular,
que nem concebes mais, pois tão esquivo

se relevou ante a pesquisa ardente
em que te consumiste... vê, contempla,
abre teu peito para agasalhá-lo."

As mais soberbas pontes e edifícios,
o que nas oficinas se elabora,
o que pensado foi e logo atinge

distância superior ao pensamento,
os recursos da terra dominados,
e as paixões e os impulsos e os tormentos

e tudo que define o ser terrestre
ou se prolonga até nos animais
e chega às plantas para se embeber

no sono rancoroso dos minérios,
dá volta ao mundo e torna a se engolfar
na estranha ordem geométrica de tudo,

e o absurdo original e seus enigmas,
suas verdades altas mais que todos
monumentos erguidos à verdade;

e a memória dos deuses, e o solene
sentimento de morte, que floresce
no caule da existência mais gloriosa,

tudo se apresentou nesse relance
e me chamou para seu reino augusto,
afinal submetido à vista humana.

Mas, como eu relutasse em responder
a tal apelo assim maravilhoso,
pois a fé se abrandara, e mesmo o anseio,

a esperança mais mínima – esse anelo
de ver desvanecida a treva espessa
que entre os raios do sol inda se filtra;

como defuntas crenças convocadas
presto e fremente não se produzissem
a de novo tingir a neutra face

que vou pelos caminhos demonstrando,
e como se outro ser, não mais aquele
habitante de mim há tantos anos,

passasse a comandar minha vontade
que, já de si volúvel, se cerrava
semelhante a essas flores reticentes

em si mesmas abertas e fechadas;
como se um dom tardio já não fora
apetecível, antes despiciendo,

baixei os olhos, incurioso, lasso,
desdenhando colher a coisa oferta
que se abria gratuita a meu engenho.

A treva mais estrita já pousara
sobre a estrada de Minas, pedregosa,
e a máquina do mundo, repelida,

se foi miudamente recompondo,
enquanto eu, avaliando o que perdera,
seguia vagaroso, de mãos pensas.

Nota de R. B. (1987):
Tanto no Rio como em São Paulo os jornalistas perguntaram a uma porção de pessoas qual o melhor poema de Carlos Drummond de Andrade. Ou que versos dele cada um sabia de cor. Alguns falaram da pedra que tinha no meio do caminho, outro do "e agora, José?", outros ainda dos dois primeiros versos do *Sentimento do mundo*.
Na verdade Drummond deixou uma obra tão rica e numerosa que abrindo seu livro qualquer leitor fica perplexo. Eu, por mim, tenho uma especial admiração pelos solenes decassílabos de "A máquina do mundo", que transcrevo na íntegra nesta página como especial homenagem ao grande poeta.

AUGUSTO MEYER | (1902-1970)

CANÇÃO BICUDA

Bico bico surubico:
são fantasmas familiares,
vêm bater na minha porta
caminhando sobre os bicos
das botinas de mentira.

Bico bico surubico:
são amores mal gorados,
tamborilam na vidraça
e me perguntam com os dedos:
bico bico surubico,
quem te deu tamanho bico?
caminhando sobre os cacos
dos anéis que se quebraram.

São fantasmas familiares,
são amores mal gorados,
é a velha chocarreira
que passou varrendo os sonhos...
Tenho medo porque um dia
(bico bico surubico)
vem a velha me buscar
com sua cara de caveira.

Nota de R. B. (1953):
Este é um dos *Poemas de Bilu* (1929) de Augusto Meyer, nascido em Porto Alegre em 1902 e que antes, como líder do movimento modernista no Rio Grande do Sul, publicara *Coração verde* e *Giraluz*. De lá pra cá o poeta tem produzido alguns volumes de crítica ou ensaios em uma prosa firme e fina. Diretor, há muitos anos, do Instituto Nacional do Livro, Augusto dirigiu antes a Biblioteca Pública em Porto Alegre.

CANDIDO PORTINARI | (1903-1962)

O MENINO E O POVOADO
(fragmento)

As mangueiras ramalhavam
E agitavam os corações acesos
Que as enfeitavam. Velhas
Mangueiras de minha infância...
Eram as babás dos meninos
Pobres como eu. Floriam e
Ninguém lhes atirava pedras.
Das flores nasciam os coraçõezinhos
De verde limpo, sem o pó das
Velhas folhas espalhado pelo
Vento. Estas, tão abundantes –
Serviam de escudo. Os corações
Em sua plenitude luziam ao longe.
Às vezes choravam lágrimas
Resinosas.

HENRIQUETA LISBOA | (1904-1985)

POMAR

Menino – madruga
o pomar não foge!
(Pitangas maduras
dão água na boca.)

Menino descalço
não olha onde pisa.
Trepa pelas árvores
agarrando pêssegos.
(Pêssegos macios
como paina e flor.
Dentadas de gosto!)

Menino, cuidado,
jabuticabeiras
novinhas em folha
não aguentam peso.

Rebrilham cem olhos
agrupados, negros.
E as frutas estalam
– espuma de vidro –
nos lábios de rosa.
Menino guloso!

Menino guloso,
ontem vi um figo
mesmo que um veludo,
redondo, polpudo,
e disse: este é meu!
Meu figo onde está?

– Passarinho comeu,
passarinho comeu...

GODOFREDO FILHO | (1904-1992)

SONETO

Penso no amargo instante, ó alta Amada,
Em que se apartarão, cheios de mágoa,
De mim teus negros olhos, rasos de água,
E essa ternura ingênua e delicada.

Que mais posso dizer? Nem, se apagada
Sempre, não hoje só, verei na frágua
A salamandra de teu sonho. Trago-a,
Dentro d'alma, já murcha e mal fanada,

A flor do afeto a que sorrimos ambos
E a deixaste gelar neste abandono,
No limbo vítreo do mais longo sono.

Embora! O aroma dúlcido dos jambos
Sentirei, que me lembra um céu perdido,
Ó fruto verde, ó fruto proibido!

Nota de RB (1955):
Godofredo Filho, que representa na Bahia a Diretoria do Patrimônio Histórico e Artístico Nacional, fez, o ano passado, cinquenta anos. Os amigos fizeram então uma edição de luxo, ilustrada, de seus *Sonetos e canções*, de onde fomos tirar os versos acima publicados.

MARIO QUINTANA | (1906-1994)

DA VEZ PRIMEIRA...

XVII

Da vez primeira em que me assassinaram
Perdi um jeito de sorrir que eu tinha...
Depois, de cada vez que me mataram,
Foram levando qualquer coisa minha...

E hoje, dos meus cadáveres, eu sou
O mais desnudo, o que não tem mais nada...
Arde um toco de vela, amarelada...
Como o único bem que me ficou!

Vinde, corvos, chacais, ladrões da estrada!
Ah! desta mão, avaramente adunca,
Ninguém há de arrancar-me a luz sagrada!

Aves da Noite! Asas do Horror! Voejai!
Que a luz, trêmula e triste como um ai,
A luz do morto não se apaga nunca!

AUGUSTO FREDERICO SCHMIDT | (1906-1965)

JOSEFINA NO JARDIM

Entre as flores eu vi, sorrindo, um dia,
Entre os lírios e as alvas açucenas,
Essa frágil e fina flor morena,
Essa estranha e travessa Josefina.

Era na hora incerta do crepúsculo,
E o deserto jardim arfava ainda
Do amor de um sol abrasador, terrível,
– Era na hora vaga do crepúsculo!

Não foi sonho, meu Deus, não foi sonhando...
Ela estava entre as flores escondida,
E eu a vi a sorrir dentre a folhagem...

Foi o vento que veio, de repente,
Foi o vento da tarde inquieto e errante
Que afastou para longe a doce imagem...

Nota de R. B. (1985):
Poetas cariocas morrem em 8 de fevereiro
Dois poetas nascidos no Rio morreram também no Rio no dia 8 de fevereiro, com uma diferença de meio século. O primeiro foi Mário Pederneiras, falecido em 8 de fevereiro de 1915; o segundo foi Augusto Frederico Schmidt, em 1965 – há vinte anos, portanto. Duas pessoas e dois poetas completamente diferentes; publicamos nesta página um poema de cada.
Agora, queremos deixar aqui uma pergunta: de quem é este verso: "De tarde, ao pôr do sol, Copacabana é linda..."
Pode ser de um deles, ou de outro poeta. Esperamos resposta.

LUÍS MARTINS | (1907-1981)

BALLADE DES DAMES DU TEMPS JADIS
A Odylo Costa, filho

Vocês se lembram? Escapei da forca
E andava tristonho nas ruas da Lapa.
As madrugadas todas amargas
Deixavam nos olhos um tom de ressaca.
E nós vivíamos nas madrugadas
Talvez procurando as *neiges d'antan*.
Você se lembra, Colin de Cayeux?
Você se recorda, Petit Thibaud?

Já faz tanto tempo! – Na hora infame
Em que fechavam os cabarés
(Estávamos pálidos, faces de giz)
Nós ainda íamos à procura
Da flor do Beco dos Carmelitas.
E a flor do Beco dos Carmelitas
Era a *royne Blanche comme un lys*.
Você se lembra, Colin de Cayeux?
Você se recorda, Petit Thibaud?

Numa casinha ao pé do morro
Morava Flora, la Belle Romaine.
Havia um piano tuberculosíssimo
Que chantait à voix de sereine.
Numa mesinha junto à porta

Bertha *au grand pied* bebia cerveja.
Por cima das casas, do lado do mar,
A aurora surgia da cor de cereja...
Você se lembra, Colin de Cayeux?
Você se recorda, Petit Thibaud?

Às vezes, já tarde, no fundo dos copos,
Ficávamos místicos a noite inteira,
Então chorávamos diante da igreja
(Perto era a casa de Manuel Bandeira)
Odylo, eu, meu amigo Verlaine,
Também chamado o "Pauvre Lélian"
Et Jeanne, la bonne Lorraine
Qu'Anglois bruslerent à Rouen.
Você se lembra, Colin de Cayeux?
Você se recorda, Petit Thibaud?

Agora é outra Lapa e nós somos outros
Nunca pude pensar que o tempo corresse.
Não roubo, não bebo, não mato, não firo
Não morri na forca, mas antes morresse.
A vida rolou... Começa a nevar
Nos longos caminhos que um dia pisamos.
Nada mais ficou nas mãos despojadas
Nada mais existe, tudo acabou.
Você se lembra, Colin de Cayeux?
Você se recorda, Petit Thibaud?

1940

JOSUÉ DE CASTRO | (1908-1973)

NAMORO

Um arzinho frio
fazendo frufru na cara da gente
e a gente fazendo calentura
de beijos na noite friorenta
– Tá com as mãos frias? meu bem
– Mas tou com o coração quente, amorzinho!

Nota de R. B. (1953):
Este "pecado da adolescência" do conhecido médico e nutrólogo dr. Josué de Castro foi publicado na *Revista de Antropofagia* de novembro de 1928.

MAURO MOTA | (1911-1984)

ELEGIA Nº 1

Vejo-te morta. As brancas mãos pendentes.
Delas agora, sem querer, libertas
a alma dos gestos e, dos lábios quentes
ainda, as frases pensadas só em certas

tardes perdidas. Sob as entreabertas
pálpebras, sinto, em teu olhar presentes,
mundos de imagens que, às regiões desertas
da morte, levarás, que a morte sentes

fria diante de todos os apelos.
Vejo-te morta. Viva, a cabeleira,
teus cabelos voando! ah! teus cabelos!

Gesto de desespero e despedida,
para ficares de qualquer maneira
pelos fios castanhos presa à vida.

LÚCIO CARDOSO | (1912-1968)

POEMA

Sinto em mim subsistir às vezes
uma região solene e primitiva como a noite.
Sinto vibrar estranhos gritos sem consolo,
ecos de seres que ainda jazem no mistério.
E na indecisa vaga deste sonho, na música
que se desfaz em bruma sobre o mundo,
há a visão de um céu a quem velaram o dia,
força, ímpeto de um horizonte escurecido
e que chora a vertigem dos astros-suicidas.
E há um silêncio enorme, funesta paz
como a de um lago que dorme enfeitiçado.
Mas nesse país em que domina a sombra,
algumas vezes, como um jato lívido de fogo,
qualquer coisa se eleva – pura, inatingível,
alta como a estrela que sobrepaira o abismo
e sobe aos pés de Deus como um soluço.

RUBEM BRAGA | (1913-1990)

SONETO

E quando nós saímos era a Lua,
Era o vento caído e o mar sereno
Azul e cinza-azul anoitecendo
A tarde ruiva das amendoeiras.

E respiramos, livres das ardências
Do sol, que nos levara à sombra cauta
Tangidos pelo canto das cigarras
Dentro e fora de nós exasperadas.

Andamos em silêncio pela praia.
Nos corpos leves e lavados ia
O sentimento do prazer cumprido.

Se mágoa me ficou na despedida
Não fez mal que ficasse, nem doesse –
Era bem doce, perto das antigas.

Nota de R. B. (1954):
Poeta bisonho, o cronista R. B. terá publicado no máximo uns seis poemas, dos quais o melhorzinho é o soneto acima, escrito em um momento de perfeita felicidade.

VINICIUS DE MORAES | (1913-1980)

UM SONETO INÉDITO DE VINICIUS

Não é rigorosamente inédito porque eu o publiquei em 1973. Estava inacabado ainda. Não sei se foi modificado. O certo é que nunca apareceu em livro. Vou transcrever de minha crônica o trecho que pode interessar os admiradores do grande poeta que morreu no dia 9 de julho.

— Este "Soneto de Preparação para Meu Sessentenário," que ele enviou recentemente a um amigo íntimo, não é a peça definitiva. Daqui até outubro ele poderá ser melhorado. É exatamente aí que está o valor deste furo, do ponto de vista da forma e exegese do homem: vou transcrever o soneto ainda *in fieri*, juntando depois a autocrítica do autor. Vejam lá:

Sessenta anos não são sessenta dias
Nem sessenta minutos, nem segundos...
Não são frações de tempo, são fecundos
Zodíacos, em penas e alegrias

São sessenta cometas oriundos
Da infinita galáxia, nas sombrias
Paragens onde Deus elege mundos
Desse caos sideral de estrelas-guias.

São sessenta caminhos resumidos
Num só; sessenta saltos que se tenta
Na direção de sóis desconhecidos

113

Em que a busca a si mesma se contenta
Sem saber que só encontra tempos idos...
Não são seis, nem seiscentos: são sessenta!

 Agora os comentários do próprio poeta:
 "Acho que estou pegando, devagarinho, minha mão para a poesia. Tenho me divertido em 'lutar com as palavras', o que, como diz Drummond, não é luta vã. Outro dia, pensando em meu próximo sessentenário, fiz esse sonetinho, quase como um exercício. Não é nada demais, mas também não é de se jogar fora.
 Só não gosto do verbo 'elege', ali no terceiro verso do segundo quarteto. Gostaria de dar a impressão de pesca, ou de colheita.
  '... onde Deus arpoa mundos.'
 Mas é feio.
  '... onde Deus recolhe mundos.'
 Também é feio, pelo 'imundos'.
  '... onde Deus escolhe mundos.'
 Mesma coisa. Veja se encontra um verbo justo, e melhor, que dê ideia de 'seleção'.
  '... onde Deus colhe seus mundos.'
 Também não serve.
 Agora, de repente, me ocorreu o verbo 'recriar'.
 Não me parece mau, que acha você? Mas deve haver outro mais *to the point*. Nesse caso, a primeira palavra do verso seguinte deve ser 'Nesse', não 'Desse'. Enfim, veremos."

ANTONIO GIRÃO BARROSO | (1914-1990)

SONETO À LUA

Lua branca, como é terrível tua face
No céu escancarada, a se mostrar aos homens
Ó astro fluorescente, a espiar as mazelas
Surgidas cá em baixo, ao toque das espumas.

Mulher, ó dulçurosa, o mar te espelha timida-
Mente, corça da noite, ó tu, lua fremente
Que navegas ao léu, sem bússola nem norte
Lua branca, vergel, perdida nas alturas.

Continente de gelo, o sangue tu derramas
De virgem sem fanal, ao jeito das marés
Que sacodem o meu barco, a dois passos da terra.

Não te deténs, ó lua, e indiferente estás
À brisa que se espalha, terna como carícia
Ou aos ventos tão febris, que acordam as madrugadas.

MANOEL DE BARROS | (1917-2014)

OS CARAMUJOS-FLORES

Os caramujos-flores são um ramo de caramujos que só
saem de noite para passear
De preferência procuram paredes sujas onde se pregam
e se pastam
Não sabemos ao certo, aliás, se pastam eles essas paredes
ou se são por elas pastados
Provavelmente se compensem
Paredes e caramujos se entendem por devaneios
Difícil imaginar uma devoração mútua
Antes diria que usam de uma transubstanciação: paredes
emprestam seu musgo aos caramujos-flores
e os caramujos-flores às paredes sua gosma
Assim desabrocham como os bestegos

ALPHONSUS DE GUIMARAENS FILHO | (1918-2008)

SUSPENSÃO

Sacode alguém a porta. Algum ladrão?
Um assaltante que sequer se importa
de sacudir assim a dura porta?
Ou algum emissário do pavor

que segue o homem, quer ele queira ou não,
que o faz temer aquele que devia
ser companheiro, e entanto desafia
a noite, agora, aqui, com tal rancor?

Sacode alguém a porta? Não é o vento
na vasta placidez. Pois o que há
é apenas noite, quase adormecida.

Mas por que então este estremecimento,
este pungir-se, este fremir que dá
gosto de morte ao que seria vida?

JOÃO CABRAL DE MELO NETO | (1920-1999)

CATAR FEIJÃO

A Alexandre O'Neill

Catar feijão se limita com escrever:
jogam-se os grãos na água do alguidar
e as palavras na da folha de papel;
e depois joga-se fora o que boiar.
Certo, toda palavra boiará no papel,
água congelada, por chumbo seu verbo:
pois, para catar esse feijão, soprar nele,
e jogar fora o leve e oco, palha e eco.

2
Ora, nesse catar feijão entra um risco:
o de que entre os grãos pesados entre
um grão qualquer, pedra ou indigesto,
um grão imastigável, de quebrar dente.
Certo, não quando ao catar palavras:
a pedra dá à frase seu grão mais vivo:
obstrui a leitura fluviante, flutual,
açula a atenção, isca-a com o risco.

WILSON ROCHA | (1921-2005)

O DII IMMORTALES!

As moças que o linho cor de púrpura vestia
tinham das rosas a graça e o perfume amável
e doces eram, e frescas, como as peras amarelas.
Ó deuses imortais, elas cantavam!
Iguais ao vinho puro, mais que os sons da flauta,
são os instrumentos da voz humana e sua brandura.
E aos lábios das donzelas reluzentes
flor nenhuma nem frescor igualavam, nem
os figos verdes, as romãs e as cerejas maduras.
Glória a vós, que há tantos séculos
vistes tal beleza e o fogo em que ela ardeu,
ó deuses imortais.

PAULO MENDES CAMPOS | (1922-1991)

DO TRESLOUCADO

Na solitude entrei no meu lugar.
As velas acendi. Tomei vanádio.
Os dentes areei. Liguei o rádio.
Eu vinha do festim de Baltasar.
Anunciava o locutor: "No Estádio
Nabucodonosor vai terminar
a luta, patrocínio de Paládio."
As ninfas já não pintam no meu lar.
Desliguei, desligado, o aparelho.
Em mim, no céu, fundia-se o sol-posto.
Doíam-me a coluna e o joelho.
Para tomar mais um, chamei a Jônia,
meiga mestiça, que m'o pôs a gosto.
Vê como dói viver em Babilônia.

DARCY DAMASCENO | (1922-1988)

SONETO

Uma rosa suspensa da memória
Onde um rio escorrendo molha a sombra
E uma ovelha em silêncio pasce as nuvens
Prisioneiras das últimas montanhas.

Uma rosa de amor, ah, surpreendida
Onde o tempo deitou raízes na água,
Onde os olhos se abaixam, comovidos,
E meu canto se atufa em borboletas.

De que açoitado mar, de que sitiada
Plaga uma voz se alçara, enfim liberta,
Na largueza dos voos incontidos?

A que espumas transidas remontara,
A que céus, a que sonho sempre à espera
No recesso do azul, ou de uma rosa?

LÊDO IVO | (1924-2012)

ASILO SANTA LEOPOLDINA

Todos os dias volto a Maceió.
Chego nos navios desaparecidos, nos trens sedentos,
                nos aviões cegos que só
                aterrizam ao anoitecer.
Nos coretos das praças brancas passeiam caranguejos.
Entre as pedras das ruas escorrem rios de açúcar
fluindo docemente dos sacos armazenados nos trapiches
e clareiam o sangue velho dos assassinados.
Assim que desembarco tomo o caminho do hospício.
Na cidade em que meus ancestrais repousam em
                cemitérios marinhos
só os loucos de minha infância continuam vivos e
                à minha espera.
Todos me reconhecem e me saúdam com grunhidos
e gestos obscenos ou espalhafatosos.
Perto, no quartel, a corneta que chia
separa o por-do-sol da noite estrelada.
Os loucos langorosos dançam e cantam entre as grades.
Aleluia! Aleluia! Além da piedade
a ordem do mundo fulge como uma espada.
E o vento do mar oceano enche os meus olhos
                de lágrimas.

MILLÔR FERNANDES | (1924-2012)

LUTA DE CLASSES

Estava o rei lavando os pratos
Depois de enxugar os garfos.
A rainha dava tratos aos móveis
Vasculhava a sala, a copa e o salão
Deixando aos principezinhos a tarefa
De encerar o chão
Enquanto a criada na varanda
Deitada numa rede de fina contextura
Lia um livro de aventura
Quando entrou um rei vizinho
De um reinado bem maior
E bem baixinho, bem baixinho
Ofereceu à criada
Um emprego melhor.

AFONSO FELIX DE SOUSA | (1925-2002)

CARTA DO LÍBANO
Bilhete a Mariana, filha recém-nascida

Sabias que entre os árabes
se a mulher engravida
aos pais todos auguram
um varão e não filha?

Que se nasce menina,
o pai já tem por praxe
do que cobra a parteira
não dar mais que a metade?

Pois nasceste menina
contra o augúrio de todos,
e por isso à parteira
eu pagaria em dobro.

Beirute, 27-4-72

THIAGO DE MELLO | (1926-)

NUM CAMPO DE MARGARIDAS

Sonhei que estavas dormindo
num campo de margaridas
sonhando que me chamavas,
que me chamavas baixinho
para me deitar contigo
num campo de margaridas.
No sonho ouvia o meu nome
nascendo como uma estrela,
como um pássaro cantando.

Mas eu não fui, meu amor,
que pena!, mas não podia,
porque eu estava dormindo
num campo de margaridas
sonhando que te chamava
que te chamava baixinho
e que em meu sonho chegavas,
que te deitavas comigo
e me abraçavas macia
num campo de margaridas.

Defronte do Atlântico
Primavera 86

JOSÉ PAULO PAES | (1926-1998)

PEQUENO RETRATO

Nunca vislumbrei
No momento exíguo,
No dia contigo,
O dia contíguo.

Sempre desprezei
A estrela sinistra,
O falso zodíaco,
A esfera de cristal
E o terceiro aviso
Do galo matinal.

Como submeter
O desejo ao fado,
Se todo prazer
Ri da cautela,
Ri do cuidado,
Que o quer prender?

Vou despreocupado,
Dora, tão despreocupado,
Que nem sei morrer.

CELINA FERREIRA | (1928-2012)

FRAGMENTO

Uma coisa é eu estar olhando a tarde e o tempo
em vertical, caindo como chuva. Uma coisa
é eu falar sozinha uma palavra e, receosa,
ferir de medo a minha solidão.
Eis que uns ramos frágeis de hera balançaram
e um pássaro traçou o voo que nunca se apagará
na minha lembrança. Outra coisa é eu saber
que a minha vida é um desenho de voo e um balançar de ramos.

AFFONSO ÁVILA | (1928-2012)

AURORA DE DEUS

Mais que a palavra, meu gesto,
mais que meu gesto o silêncio
em que se forma este verso,
em que se queima este incenso.

Menos que tudo esta carne,
menos que a carne este imenso
ócio de gozo, este alarde
com que meu corpo alimento.

Além de mim a minha alma,
além desta alma teus filhos,
ainda além aquela água

mais pura que quantos rios,
aquele mar que se fez
na própria aurora de Deus.

LAÍS CORRÊA DE ARAÚJO | (1929-2006)

RITO SEVERO

Palavra, rito severo,
que minha posse recusa,
onde o tropel de lirismo
com que à noite me fecundas?

És testemunha e presença
do meu vazio lembrar,
mas só ao vento te entregas
domando intacta o silêncio.

Infância, venha com tristes
olhos sem pai nem boneca,
venha pobre adolescente
com seus seios a sonhar.

Chamo o amor, que no meu rosto
com os dias combateu,
chamo o filho, que em sorriso
de firme após me vestiu.

Palavra, cansa buscar-te,
quero sorver-te integral.
Mas bebo nas vagas loucas
apenas naufrágio e sal.

CARLOS PENA FILHO | (1930-1962)

SONETO DO DESMANTELO AZUL

Então, pintei de azul os meus sapatos
por não poder de azul pintar as ruas,
depois, vesti meus gestos insensatos
e colori as minhas mãos e as tuas.

Para extinguir em nós o azul ausente
e aprisionar no azul as coisas gratas,
enfim, nós derramamos simplesmente
azul sobre os vestidos e as gravatas.

E afogados em nós, nem nos lembramos
que no excesso que havia em nosso espaço
pudesse haver de azul também cansaço.

E perdidos de azul nos contemplamos
e vimos que entre nós nascia um sul
vestiginosamente azul. Azul.

FERREIRA GULLAR | (1930-)

UMA VOZ

Sua voz quando ela canta
me lembra um pássaro mas
não um pássaro cantando:
lembra um pássaro voando

Nota de R.B. (1989):
História de um poema
Nara Leão estava gravando um disco e pediu a Ferreira Gullar que escrevesse alguma coisa para a capa. Gullar pegou da pena e na hora de escrever resolveu fazer tudo em versos.
Acontece que o disco não chegou a ser gravado, houve uma confusão na gráfica, e o poema se perdeu. Gullar, é claro, ficou aborrecido, e tentou reconstituir o poema, de que não guardara cópia. Conseguiu se lembrar apenas de quatro versos, conforme contou na televisão ao Jô Soares: são os que publicamos nesta página sob o título "A voz de Nara"*.

....
* Nota do organizador: O título foi posteriormente alterado pelo poeta.

GILBERTO MENDONÇA TELES | (1931-)

EXEGESE

Você quer se esconder, então se mostre.
Diga tudo que sabe sobre a vida.
Conte a sua experiência nos negócios,
proclame seu valor de parasita
e deixe que discutam nas casernas
o seu bendito fruto entre as melhores
famílias desta terra.

Depois esconda tudo num poema
e fique descansado: ninguém lê.
Se ler, começam logo a ver navios
e achar que tudo é poetagem, símbolos,
desejos reprimidos,
      psicanálises,
o diabo a quatro.

O poema não é uma caverna
sigilosa, com sombras tautológicas
nas paredes.

    O poema é simplesmente
a sombra sem caverna, o vulto espesso
de si mesmo, a parábola mais reta
de quem escreve torto,
      como um deus
canhoto de nascença.

RENATA PALLOTTINI | (1931-)

POETA VENDE JOIA

    1

Quando o dinheiro rareia
nenhuma coisa é coisa feia.
Quando o dinheiro foge
só o que vale é o dia de hoje.
Quando o dinheiro falta
vale quem rouba e quem assalta.
Quando se conta a receita e a despesa
não há lugar para delicadezas...

    2

Sob a força do fogo
se desmancha a prosápia e a forma do ouro
sob a força do fogo
se desmentem as datas e os signos do ouro
sob a força do fogo
se desfazem os símbolos
se transformam os ídolos
se confundem os ícones.

Sob a força do fogo
se liquefaz essa história toda
sob a força do fogo
acaba o tempo desses relógios
sob a força do fogo
essas alianças já não são juras
essas correntes já não são luzes
essas pulseiras já não são jugos.
Sob a força do fogo
esse dourado metal confuso
já conta juros...

WALMIR AYALA | (1933-1991)

TODO O MAR

Ferve a água no âmbito restrito
da panela.
         Agonizante
despe-se o siri de seu dia oceânico.
Vermelha
         a carapaça é como joia,
e as pinças
rígidas cortam a breve direção,
a extrema-unção do sal é seu tempero.
A carne
         tensa
             se oculta em cavidades
             disfarçadas.
A gula agride estas cavernas vulneráveis
e o gosto do siri é todo o mar.

ANDERSON BRAGA HORTA | (1934-)

REDONDILHA QUASE CAMONIANA

Os olhos, tende-los verdes...
Tende-los frios, Senhora,
nestes, perdidos, que outrora
lhes encontravam calor.
Mas de assim frios os terdes
por que me espanto eu agora?
se é condição de olhos verdes
dar vida e matar de amor!

De assim magoado me verdes
não vos dói nenhũa mágoa?
Ai, tendes nos olhos frágua
e neve no coração.
Que, não contente de terdes
aos meus confundido em água,
furtai-los de aos vossos, verdes,
colher madura intensão.

Senhora dos olhos verdes,
do verde dos vossos olhos
fundei meus mares: escolhos!
sereias de me perder!
Ai, o bem que me quiserdes,
menina dos verdes olhos,
faria os meus olhos verdes
das cores do bem-querer!

Pois tendes os olhos verdes,
negra se faz minha história.
Por que em sua trajetória
meus olhos sempre estarão?
Cuidado! se me perderdes,
menor será vossa glória,
Senhora dos olhos verdes
e de verde coração!

Os olhos, tende-los verdes,
tende-los frios, Senhora.
Ai eu que os sonhava outrora
plenos de sumo e calor!
De frios assim os terdes
por que me espanto eu agora?
se é condição de olhos verdes
dar vida e matar de amor!...

IVAN JUNQUEIRA | (1934-2014)

A VINGANÇA

Entre o Cru e o Cruel sela-se o pacto
de permutarem os reis peninsulares
algozes que na Ibéria se acoitavam.
E foi assim que a Portugal tornaram
Pero Coelho e Álvaro Gonçalves.
Pergunta-lhes o rei se a degolaram,
mas ambos sobre o crime nada falam
– e Pedro, com enfado, diz que os matem.
Aos dois o coração foi arrancado:
a Pero, pelos peitos em pedaços;
ao outro, por um rombo nas espáduas.
Grunhiram como porcos os fidalgos,
enquanto o rei urrava por vinagre
e vinhas d'alho. Inês era vingada.

ADÉLIA PRADO | (1935-)

A SANTA CEIA

Começou dizendo: 'o amor...'
mas não pôde concluir
pois alguém lhe chamava.
'O amor...' como se me tocasse,
falava só para mim,
ainda que outras pessoas estivessem à mesa.
'O amor...' e arrastou sua cadeira
                    pra mais perto.
Não levantava os olhos, temerosa
            da explicitude do meu coração.
A sala aquecia-se
do meu respirar de crepitação e luzes.
'O amor...'
Ficou só esta palavra do inconcluído discurso,
alimento da fome que desejo perpétua.
Jonathan é minha comida.

NAURO MACHADO | (1935-)

DO COMPRIMENTO DE UMA RUA

És infeliz como os campos na noite,
tu, a procissão de reza e relembranças,
revoada de aves nas barcas da infância
abrindo azul as velas do abandono.

O subúrbio da carne te dissolve
em luminárias de casco e vertigem.
No indiviso silêncio à praia morta,
tua cascata cobriu o mar, e o dilúvio

continua em ti e nas veias abertas.
As águas chamam os filhos da sede
e a boca bebe – espanto! – a maravilha:
no mistério da noite em flor erguida,

ombro do mundo sustentando o homem,
és a hora final, esta estatura
de iodo e tíbias, de soluço e verme.
És infeliz como os campos na noite.

ASTRID CABRAL | (1936-)

ASSALTO EM CÂMARA LENTA

Onde a pesada corrente
de ouro do ingente amor?
Onde as escravas de prata
a me algemarem os braços?
E o broche roxo e azul
do meu orgulho de pedra?
O cinto de autodefesa
as múltiplas alianças
e o anel de turquesa?

Levou-me o tempo tudo,
o descarado bandido
com mão de veludo.

EDUARDO ALVES DA COSTA | (1936-)

UMA ESTRELA, VISTA ATRAVÉS DE PERISCÓPIO

Aqui estou, de gravata,
passadinho a ferro,
feito sardinha em lata
ao molho de burocrata.
Sem horizonte nem brisa,
enforcado na camisa,
olhar perdido, estupor.
Um poeta-cavador,
metido fundo na lata
do desamor-bolor.

Soergo meu periscópio
que, da alma, espia o mundo;
cronópio e marinheiro,
varo as ondas do dinheiro,
singro o mar da servidão.
Mas resisto no que me sinto:
homem atento, jumento
de pés cravados no chão;
à espera do momento
em que a brasa do pensamento
se transfigure em quimera
e fulgure no firmamento.

Uma estrela.
Mas, o que é uma estrela?
Pura emoção de quem,
ao vê-la, sente que pulsa
o coração? Ou pedra fria,
suspensa no espaço,
entre milhões de solidões?

Cadente que sou, perdido,
na vastidão espantosa
do marasmo nacional,
vejo na estrela um sinal:
um gesto de Deus no céu
– como quem tira do chapéu
um arco-íris noturno.

DOMICIO PROENÇA FILHO | (1936-)

A PESCA

Antes, o remo, a rede, a poita, a lata
de alimentos e o
cantil.

O barco, verde.

O mar, véspera,
verde.

Manhã de remos,
lâmina, sal e
bruma.
O vento, lento, salso
o rosto
nu.

O movimento:
ritmadas águas,
o barco, longo
e largo
risco
de bordado
aquoso,
verde.

A poita está lançada.
Rede estendida no altar
das águas
verdes.

No mar,
a messe
e a missa.

JOÃO CARLOS TEIXEIRA GOMES | (1936-)

POEMA DA INÚTIL BUSCA

Onde estou, que já me esqueço,
mais evadido que achado,
por sob a máscara de gesso
com que oculto o meu fado?

Porque tenho que esconder-me
pondo nos cantos da boca
um tal sorriso que, ao ver-me,
deplore essa glória oca?

Eu, que me chamo João,
aonde irei, se não fui chamado,
perdendo os passos no chão
sem que chegue a qualquer lado?

Que mulher de porte egrégio
há-de servir-me de porto
jungida ao meu sortilégio
com um olho aceso e outro morto?

Onde estará meu destino
de rei sem manto ou coroa
rendido ao seu desatino
de pedir à dor que não doa?

E o cão que outrora tive
de magoado focinho
acaso é morto ou ainda vive
perdido do meu carinho?

Onde os amigos fiéis
que morreram, de tão poucos?
Ao meu olhar de revés
onde vê-los, sãos ou loucos?

Onde estou, que já me esqueço,
mais evadido que achado
por sob a máscara de gesso
com que oculto o meu fado?

AFFONSO ROMANO DE SANT'ANNA | (1937-)

LEITURA DO MORTO

O que dizer do morto?
Que se foi? cansou-se? partiu-se?
foi desta pra melhor?
Ou dizer
        que o morto é o inquilino
que rompeu o contrato de locação,
o rio que no estio evaporou
cabendo seco
        – nas margens do caixão?

O morto é a visita desatenta
com quem conversamos
           – a sós,
o peixe boiando frio,
enquanto as crias seguem
a procriar na foz.

É aquele de quem, burocrático, se diz:
– não está mais aqui,
abandonou o serviço,
pediu a capa e o chapéu
já se foi absolvido
nos deixando o corpo-réu.

Mas este dizer: não está mais aqui
é o que há de desolado.
Tem sempre um tom constrangido
como se tivessem deixado
um pobre ao desabrigo, molhado.

E o morto
         é o quadro-negro apagado,
         a lição interrompida,
         o estádio abandonado,
         é o trem fora dos trilhos,
         verão sem cigarra e grilos,
         relógio sem mais alarme
         e uma alvorada sem galos.

O morto é sempre um jornal lido, largado,
tem a força vazia de um dicionário,
que não pode mais ser consultado.
Enquanto o vivo
              – é um livro que se lê,
ainda que seja um folhetim dos mais safados.

ROBERTO BRAGA | (1937-)

OS REIS MAGOS

I

Trazem solenes
certo segredo
caixas e encanto

Nunca se falam
nem sobre o tempo
que no deserto
é sempre o mesmo

Inventam brisas
criam estas nuvens
feitas de incenso

Galgam noturnas
ondas de dunas
levando a urna
plena de ouro

II

Em doce alforje
portam magia
mirra e mistério

seguem a estrela
arcas navegam
em seus camelos
tangem esfinges

que decifradas
guardas aladas
pairam invisíveis

pacificadas
nas cercanias
desta criança
recém-nascida

MYRIAM FRAGA | (1937-)

BANQUETE

O vinho
Que eu bebo
É o preço
De um homem.

O prato que eu como,
Sem fome,
É o salário
Da fome
De um homem.

Mas,

O sonho que eu travo
Com fúria nos dentes

É somente a metade
Do sonho
De um homem.

LÉLIA COELHO FROTA | (1937-2010)

AD USUM

O meu ofício é de palavras
que só estremecem ao rumor
do amor.

O meu ofício é de missão
secreta, sob a capa do ar:
lembrar.

O meu ofício desconhece
qualquer das formas de folgar:
sonhar?

No meu ofício é que se aprende
por dentro – terra e ultramar –
a olhar.

Sua alegria é de um minuto
e nada a pode compensar:
cantar.

Entre um minuto e outro perpassam
nuvens de tamanho esperar:
durar.

O meu ofício é de saber
morrer, de nas pedras gravar:
passar.

LYA LUFT | (1938-)

UM ANJO VEM TODAS AS NOITES

Um anjo vem todas as noites:
senta-se ao pé de mim, e passa
sobre meu coração a asa mansa,
como se fosse meu melhor amigo.

Esse fantasma que chega e me abraça
(asas cobrindo a ferida do flanco)
é todo o amor que resta
entre ti e mim, e está comigo.

ARMANDO FREITAS FILHO | (1940-)

ROCK

Ar de matadouro. Voz bem à frente
stress e espelho no entorno.
Aqui se despe aos solavancos.
A cena é fria, muda e refratária
sem pintura.

Levo o corpo a pulso para a caça
pé embaixo, para sua boca de carne
e como anônimo, barato, duro
com a fome escalavrando
seus restos de beleza – pele e osso.

Nada de novo pode crescer daqui
a não ser prazer
que de tão forte zera tudo
gasta a borracha até a lona
tira a graxa dos corpos cobertos por amor
e por oleados negros e molhados.

LEONARDO FRÓES | (1941-)

A VIDA EM COMUM

16

Na mão eu nos trago o vosso
dever que repasso e faço:
assim o que é mim é nosso.

Não sou se não vou convosco
e sei que vos ser me anima:
meu ir é me estar conosco.

Mereço-me em vós e passo
por cima de mim: me atrevo
a ser o que são teus passos.

Teus passos conosco irmanam,
ninguém é jamais um próprio:
nós todos um só se chamam.

E todos em si nos somos
qual forma que se reparte
e é una: a laranja e os gomos.

Ao outro um se traz no peito:
por dentro de mim te afago
e sinto te estar no leito.

E sinto-te em mim, andando,
se aéreo vos vou seguindo,
ao mundo me combinando.

TITE DE LEMOS | (1942-1989)

SONETO

VII

Começo pelos olhos cor de cobre
que um tênue pó de estrelas cobre e doira;
não sei ainda se é morena ou loira.
Digo a meu self vai lá, vê se descobre.

Desço ao queixo, ao pescoço, à nuca nobre,
à penugem na pele que os encoira
fina como a da bailarina, Moira,
e a visão sua faz com que me dobre.

Toco as ancas que alguém terá tocado,
ancas de Bárbara, com mãos de bárbaro,
trago-lhe azuis e rosas da Bulgária,

espanco-a tanto quanto a tenho amado.
Chego ao balcão e peço um bife tártaro.
Thank God essa garota é imaginária.

RUY ESPINHEIRA FILHO | (1942-)

NESTA VARANDA

Logo não mais estaremos
aqui nesta varanda, em torno
desta mesa, confortáveis
nestas cadeiras de vime.
Erguemos nossos copos e bebemos.
Queima suave o conhaque (mas não tão
suave como o que meu pai
bebeu nos áureos tempos)
                      e o vento
sopra por entre
os losangos da porta de madeira
nova.

Toda a casa é algo de novo
sob a lua. No entanto,
a morte já a tocou
                 e suas paredes
já escutaram vagidos,
como escutam agora nossas palavras,
o tilintar dos copos, a música
que sobe da vitrola e fala
de uma paixão incontida.

Calmos, bebemos. Cálido, o sangue
circula em nossos corpos confortados,
como noutros corpos antes,
muito antes desta casa,
de nós, seres remotos
que ninguém adivinharia,
que ninguém projetou conscientemente
neste espaço de Cronos
que habitamos.

Mais que a casa ouvimos
longe,
como ouvimos
a voz
do cão Farouk, da cadela
Joia;
assim ela guarda o ladrar
do cão Mourek
e ouve conosco, neste instante,
o cão Neruda.

Como guardará
esta noite e outras
               e manhãs e tardes
e nossas vozes que
aos poucos
cessarão;

e mais profundamente
o silêncio do último a restar
nesta varanda, nestas cadeiras de
alto espaldar, diante desta mesa

até que ela própria se encante
na memória do Universo.
                       Que nada lembra,
todo imerso em se morrer
eternamente.

AFONSO HENRIQUES NETO | (1944-)

RESSURREIÇÃO DAS BALEIAS

as baleias mais comovidas
vêm sentar-se nas ossadas sobre a praia.
do sol esperam que a energia verde
floresça no vento
nas lâminas de maresia
e profundamente sonhe a estrela
de todas as baleias redivivas
retecidas em luz e alga e invisível
a fluírem da praia para o divino
sentido de serem no mar claro destino.
por que se matam nos areais
as baleias do desespero?
quem conduz a vertigem da morte
entre os trilhos gagos do indizível?
de todos os corpos apodrecidos
de todas as ossadas onde pousam
pássaros
gritem as baleias mais comovidas
o equilíbrio ausente
entre os anjos dissipados.

CACASO | (1944-1987)

JOGOS FLORAIS

I

Minha terra tem palmeiras
onde canta o tico-tico.
Enquanto isso o sabiá
vive comendo o meu fubá.

Ficou moderno o Brasil
ficou moderno o milagre:
a água já não vira vinho,
vira direto vinagre.

II

Minha terra tem Palmares
memória cala-te já.
Peço licença poética
Belém capital Pará.

Bem, meus prezados senhores
dado o avançado da hora
errata e efeitos do vinho
o poeta sai de fininho.

(será mesmo com 2 esses
que se escreve paçarinho?)

FREDERICO GOMES | (1947-)

TEXTURA DO BRANCO

Assim, vestindo linha pura
Da tua nudez de coral,
Tão eslava arquitetura,
De porte clássico, senão mural.

Branco de brancura sabida
Por quem, já de amor,
Te sabe melhor nutrida
No que te aspira a cor sem cor.

Assim, quando mais te vejo
Vestida de nome somente
Que é o que, sem cortejo,
Te melhor veste, independente

Do que em ti não é pele fresca
Mas elucidativo soberbo,
Como água em terra seca,
Da tua tinta e do mesmo verbo.

Assim, se te desenho mais branca
Que o branco já medido,
Tão branca que se tranca,
Inerte, de branco desconhecido

Ou a fuga do branco das telas
De Picasso original
Ou Di Cavalcanti sem janelas
Preso num afresco de sal.

Assim, textura atlântica-branco,
Escondes, lisonja,
Tal minério no barranco,
A espuma amarga da tua esponja!

DOMINGOS PELLEGRINI | (1949-)

FEIRA MODERNA
DE CARUARU

1

A carne-de-sol na sombra
das barracas de alvaiade
Quatro cachorros bem magros
oito olhos pedindo piedade
Numa costela de vaca
a fome toca rabeca
no coração da cidade

A feira dura dias e dias
não deixa sobra nenhuma
Cada peão cada menino
é doutor de economia

Um cego vendendo um bode
garante que produz leite
qualhada e até requeijão
– Mas, cego, como que pode?
O cego apenas responde:
– Quem vive de propaganda
não aceita discussão

2

Mas cadê aquela feira
de irmão para irmão?
Fateira entregava o prato
e a concha na nossa mão
Feirante botava a fruta
na boca do cidadão

Se não gostou, não comprava
se azedou, devolvia
se não vendia, era dado
freguês pagava outro dia
morria, era perdoado

Hoje são outros quinhentos
são outros tempos, meu mano

O cego vendeu o bode
– Vendi e sem garantia:
tinha mais de trinta anos
não vive mais trinta dias

Negócio aqui só moderno
e atenção: ninguém mais fia
quem pode, financia
quem não pode, vá pro inferno

ANA MIRANDA | (1951-)

A OPERAÇÃO

A operação de ponte de safena
é como se fosse uma locomotiva
que passou em cima de mim. Ele
poderia fazer em cinco horas e quinze
os quarenta e dois quilômetros, mas o
record é por enquanto uma perna fina
ou uma poesia de Camões. Bebe treze
garrafas de vinho e doze de cerveja
sem levantar sequer uma vez da mesa.
A barriga uiva de fome e dói-lhe o coração.
Ponte de safena, inspira, diástole.
O sol (sístole) atravessou o plástico
que atravessou sua condição e se travestiu
em cristal pingando – expira – numa
linda oferenda desinteressada, apenas
amiga. Inspira. E todos esses caras,
o senador de rosto cinza, o advogado
que parece um sapo mas é um príncipe,
o fabricante de espuma de beber
e fumaça de pegar, esses caras, ah, esses caras.
Sístole, diástole; esses caras são como se fossem
um pedaço de quebra-cabeça cujo resultado
depois de pronto e a cabeça quebrada
seria um sujeito, inspira, expira, sente,
que fosse uma amostra do que poderia ser
gente do sexo masculino.

O sexo masculino poderia ser um pedaço
de colo ou de fruta de casca dura e
áspera e polpa viscosa e doce ou acre,
sístole, expira, e o sexo feminino
um par de pernas e ancas inchadas e
pesadas que não conseguem pular uma
cerca pequena que divide o circo
em dois: animais e homens. Os macacos
andam travessos calçados de tênis
e *training* de espuma de seda e as
mãos maníacas coçam os olhos até
ficarem vermelhos de irritação.
A mãe é uma pessoa que fica chateada
com as coisas que dizem e fazem os
filhos, e que chora e diz que foi
cortar cebola na cozinha e também
que a colher de pau quebrou e beliscou
as mãos que estão gordas que precisam
de uma cirurgia plástica e as efélides
são retiradas apagadas – sístole – por
congelamento, diástole, expira: inspira.
Congelamento das moléculas mortas.
Moléculas mortas ou crianças medrosas
ou pedaços de laranja sem caldo ou
miomas do tamanho duma pera. As doenças
atuais são mais dolorosas do que
as de antigamente. Inspira.

GERALDO CARNEIRO | (1952-)

sobre a verdura

os insetos voavam estranhamente
sobre a verdura e a barraca de peixe
permanecia um momento intocada
em seus reflexos de luz e de prata
e você a ver navios percorria
o tormentoso labirinto da feira
se imaginava um conquistador espanhol
que te perdeu no rumo das Índias
e construiu um castelo à beira-mar
vendedores vendedoras ficções sonoras
verdes vegetais como se houvesse
uma deusa sonhadora em cada alface
e os dragões cuspissem fogo em silêncio
emaranhados numa réstia de cebola

ANTONIO CARLOS SECCHIN | (1952-)

SONETO DAS LUZES

A Paulo Pereira

Uma palavra, outra palavra, e vai um verso,
eis doze sílabas dizendo coisa alguma.
Trabalho, teimo, limo, sofro e não impeço
que este quarteto seja inútil como a espuma.

Agora é hora de ter mais seriedade,
para essa rima não rumar até o inferno.
Convoco a musa, que me ri da imensidade,
mas não se cansa de acenar um não eterno.

Falar de amor, oh meu pastor, é o que eu queria,
porém os fados já perseguem teu poeta,
deixando apenas a promessa da poesia,

matéria bruta que não coube no terceto.
Se o deus flecheiro me lançasse a sua seta,
eu tinha a chave pra trancar este soneto.

LUÍS AUGUSTO CASSAS | (1953-)

REMEMBER ANCHIETA

Passeando descalço – pulmões inflados –
por essas praias solitárias do litoral
em companhia de gente muito importante:
o sol, as ondas, dunas, brisa, coqueiros e gaivotas,
(a mais de 3.000 km da praia de Iperoig;
a 418 anos da 1ª edição do poema
Da Virgem Santa Maria Mãe de Deus)
às vezes, detenho-me na alva areia,
e com o indicador escrevo teu nome: Maria.
Como quem procura as tuas mãos.
O mar – exército de lavadeiras – vem e apaga.
Escrevo de novo: Maria.
As ondas vêm, carregam a palavra,
arremessam-na contra os arrecifes:
teu nome vira sal e espuma.
4.172 vezes escrevo: Maria
4.172 vezes o mar vem e lava a areia.
Ó Editores do tempo! Pelas barbas de Gutenberg!
Ó Anchieta! Apóstolo da Palavra!
Merecias ser canonizado – Santo, Santo, Santo –
por realizares o teu milagre maior: o da Poesia.

Enquanto eu – sem a proteção
de Deus e da História,
mercê do mar, da chuva e maus ventos,
não deixarei vestígio:
pedra arremessada
alimento de peixes
ou fósforo apagado
na memória.

DENISE EMMER | (1956-)

A MORTE DA LAVADEIRA

Se a lavadeira morrer,
quem irá lavar
tuas roupas sujas de mundo,
tirar o cheiro
de morte
que anda em tuas camisas?
Quem irá pendurar
tua alma
nos varais de todos os tempos,
e lavar teu grito
apertado no casaco?

Quem irá jogar tua vida
na correnteza do rio
e misturar com sabão
tantas histórias...

e ensaboar a memória.

Quem irá limpar tua manta
o beijo, o berro da gravata?

Se a lavadeira morrer
como morrem muitas mulheres
afogadas no próprio pranto.

Se morrer a lavadeira
eu ficarei sozinha
com a roupa envelhecida,
enquanto ela mais feliz,
lavando a fralda dos anjos
e a solidão das estrelas,
vai pendurando no céu
todas as suas amigas

vai pendurando no céu
toda a sua tristeza

... se a lavadeira morrer
como morrem muitas mulheres
afogadas na pobreza.

MÁRCIO CATUNDA | (1957-)

CANTIGA

Do meu orgulho liberto
tornado o medo em firmeza,
no desespero desperto,
meu horizonte é certeza.
Seguro em meio ao tremor
vou vencendo a iniquidade,
transfigurado de amor
aprendo a felicidade.
O cansaço da procura
vencido na sensatez,
o pranto se faz ventura
a desordem – lucidez.
Entre martírios sangrentos
ferido pelos espinhos,
na calma dos sacramentos
recolho brandos carinhos.
Na paz que a vida procura,
liberto no sacrifício,
voando já ganho altura
sobre a arena do suplício.
Estrela azul da harmonia,
clareia nos temporais.
A noite já se faz dia
nas águas dos litorais.

Aprendo lições de infância
nas descrenças e nos prantos,
invento canções de ânsia,
desencantos e acalantos.

ALEILTON FONSECA | (1959-)

POEMA A NEUSA
depois de ler seus primeiros poemas

No íntimo de teu olhar
      vejo existir
             o passarinho
      em plena aprendizagem
      de
             voo e canto.
Dá-lhe por ninho os teus cuidados
e faz com que sorva em suaves goles
             o sol e o luar,
pois
        passaramente
          nutrido
de sol e de luar,
        alto fará seu voo
        e grande o seu
            cantar.

FELIPE FORTUNA | (1963-)

MEDITAÇÃO

Quando um dia, ao sentir-me demolido,
aceitar que no mundo tudo é morte,
e que nem mesmo o choro de um amigo
vale pagar bebida e amargo porre,
    nosso silêncio a dois, feito de reza,
    vai dissolver o ferro a que se entrega.

O amor viveu somente um desses dias
(por acaso, entre arbustos desnudados);
se foi pequeno ou grande, se doía,
secreto dissolveu-se nos retratos.
    A solidão é estranha se há desejos.
    O corpo é musical no lado esquerdo.

Tudo é cansaço. Ler, viajar, cansaço.
Escrevo com descrença dois, três poemas.
De madrugada, acordo o sono falso
e invado uma palavra que me queima.
    Todos os dias leio nos jornais
    que a noite anterior caiu no mar.

Não me sinto bem: tenho sempre culpas.
Tenho discursos, bombas e massacres,
amigos já cinzentos pelas lutas,
muitas frases e heróis que o tempo abate.
    Os bares são noturnos, mas os homens
    se embriagam de manhã, com novos nomes.

Os poetas

Adélia Prado (1936, Divinópolis-MG). Poeta e ficcionista. Quarto momento do Modernismo. Obra poética: *Bagagem* (1976), *O coração disparado* (1977), *Terra de Santa Cruz* (1981), *O pelicano* (1987), *A faca no peito* (1988), *Poesia reunida* (1991), *Oráculos de maio* (1999), *Miserere* (2013) etc.

Affonso Ávila (1928, Belo Horizonte, MG – 2012). Poeta e ensaísta. Terceiro momento do Modernismo. Obra poética: *O açude e Sonetos da descoberta* (1953), *Carta do solo* (1961), *Código de Minas e poesia anterior* (1969), *Discurso da difamação do poeta* (1978), *Masturbações* (1980), *O visto e o imaginado* (1990), *A lógica do erro* (2002), *Homem ao termo: poesia reunida* (2008), *Égloga da maçã* (2012) etc.

Affonso Romano de Sant'Anna (1937, Belo Horizonte, MG). Poeta, ensaísta e cronista. Terceiro momento do Modernismo. Obra poética: *Canto e palavra* (1965), *Poesia sobre poesia* (1975), *Que país é este?* (1980), *A catedral de Colônia* (1985), *A poesia possível* (1987), *Textamentos* (1999), *Sísifo desce a montanha* (2011) etc.

Afonso Felix de Sousa (1925, Jaraguá, GO – 2002, Rio de Janeiro, RJ). Poeta, cronista e tradutor. Segundo momento do Modernismo. Obra Poética: *O túnel* (1948), *O amoroso e a terra* (1953), *Álbum do Rio* (1965), *Pretérito imperfeito* (1976), *À beira de teu corpo* (1990), *Chamados e escolhidos: reunião de poemas* (2001) etc.

Afonso Henriques Neto (1944, Belo Horizonte, MG). Poeta e ensaísta. Quarto momento do Modernismo. Obra poética: *O misterioso ladrão de Tenerife* (1972, em coautoria com Eudoro Augusto), *Restos & estrelas & fraturas* (1975), *Ossos do paraíso* (1981), *Tudo nenhum* (1985), *Abismo com violinos* (1995), *Ser infinitas palavras* (2001), *Cidade vertigem* (2005), *A outra morte de Alberto Caeiro* (2015) etc.

Alberto de Oliveira (1857, Palmital de Saquarema, RJ – 1937, Niterói, RJ). Poeta. Parnasianismo. Obra poética: *Canções românticas* (1878), *Meridionais* (1884), *Sonetos e poemas* (1885), *Versos e rimas* (1895), *Poesias* (1900), *Poesias, 2.ª série* (1905), *Poesias, 3.ª série* (1913), *Poesias, 4.ª série* (1927), *Póstuma* (1944), *Melhores poemas* (2007, org. Sânzio de Azevedo) etc.

Alceu Wamosy (1895, Uruguaiana, RS – 1923, Santana do Livramento, RS). Poeta e cronista. Simbolismo. Obra poética: *Flâmulas* (1913), *Na terra virgem* (1914), *Poesias* (1925), *Poesia completa* (1994).

Aleilton Fonseca (1959, Firmino Alves, BA). Poeta, ficcionista e ensaísta. Quarto momento do Modernismo. Obra poética: *Movimento de sondagem* (1981), *As formas do barro & outros poemas* (2006), *Um rio nos olhos* (2012) etc.

Alphonsus de Guimaraens (1870, Ouro Preto, MG – 1921, Mariana, MG). Poeta. Simbolismo. Obra poética: *Kiryale* (1902), *Pauvre Lyre* (1921), *Pastoral aos crentes do amor e da morte* (1923, org. João Alphonsus), *Poesias* (1938, org. João Alphonsus e Manuel Bandeira), *Obra completa* (1960, org. Alphonsus de Guimaraens Filho) etc.

Alphonsus de Guimaraens Filho (1918, Mariana, MG – 2008, Rio de Janeiro, RJ). Poeta e ensaísta. Segundo momento do Modernismo. Obra poética: *Lume de estrelas* (1940), *O mito e* *o criador* (1954), *Sonetos com dedicatória* (1956), *Absurda fábula* (1973), *Nó* (1984), *Luz de agora* (1991), *Todos os sonetos* (1996), *O tecelão do assombro* (2000), *Só a noite é que amanhece* (2003), *Melhores poemas* (2008, org. Afonso Henriques Neto) etc.

Álvares de Azevedo (1831, São Paulo, SP – 1852, Rio de Janeiro, RJ). Poeta, dramaturgo e ficcionista. Segundo momento do Romantismo. Obra poética: *Obras* (1853-1855, 2 v.), *Obras* (1862, 3 v., org. Jacy Monteiro), *O Conde Lopo* (1886), *Obras completas* (1941, 2 v., org. Homero Pires), *Obra completa* (2000, org. Alexei Bueno) etc.

Ana Amélia Carneiro de Mendonça (1896, Rio de Janeiro, RJ – 1971). Poeta e ensaísta. Primeiro momento do Modernismo. Obra poética: *Esperanças* (1911), *Alma* (1922), *Ansiedade* (1926), *A harmonia das coisas e dos seres* (1936), *Mal de amor* (1939), *50 poemas de Anamelia* (1957), *Todo mundo* (1959) etc.

Ana Miranda (1951, Fortaleza, CE). Poeta, ficcionista e ensaísta. Quarto momento do Modernismo. Obra poética: *Anjos e demônios* (1978), *Celebrações do outro* (1983).

Anderson Braga Horta (1934, Carangola, MG). Poeta, tradutor e ensaísta. Quarto momento do Modernismo. Obra poética: *Altiplano e outros poemas* (1971), *Marvário* (1976), *Cronoscópio* (1983), *O pássaro no aquário* (1990), *Fragmentos da paixão: poemas reunidos* (2000), *Pulso* (2000), *50 poemas escolhidos pelo autor* (2003), *De viva voz* (2012) etc.

Aníbal Machado (1894, Sabará, MG – 1964, Rio de Janeiro, RJ). Poeta, ficcionista, ensaísta e tradutor. Segundo momento do Modernismo. Obra Poética: *ABC das catástrofes – Topografia da insônia* (1951), *Poemas em prosa* (1955), *Cadernos de João* (1957).

Antonio Carlos Secchin (1952, Rio de Janeiro, RJ). Poeta, ensaísta e ficcionista. Quarto momento do Modernismo. Obra poética: *Ária de estação* (1973), *Elementos* (1983), *Diga-se de passagem* (1988), *Todos os ventos* (2002), *Poema para 2002* (2002), *50 poemas escolhidos pelo autor* (2006) etc.

Antonio Girão Barroso (1914, Araripe, CE – 1990, Fortaleza, CE). Poeta, ficcionista, ensaísta e jornalista. Segundo momento do Modernismo. Obra poética: *Alguns poemas* (1938), *Os hóspedes* (1946), *Novos poemas* (1950), *Universos* (1972), *Poesia incompleta* (1994) etc.

Armando Freitas Filho (1940, Rio de Janeiro, RJ). Poeta e ensaísta. Terceiro momento do Modernismo. Obra poética: *Palavra* (1963), *Dual* (1966), *Marca registrada* (1970), *À mão livre* (1979), *3x4* (1985), *De cor* (1988), *Cabeça de homem* (1991), *Máquina de escrever: poesia reunida e revista* (2003), *Raro mar* (2006), *Melhores poemas* (2010, org. Heloisa Buarque de Hollanda), *Dever* (2013) etc.

Artur Azevedo (1855, São Luís, MA – 1908, Rio de Janeiro, RJ). Poeta, cronista, ficcionista e dramaturgo. Realismo. Obra poética: *Carapuças* (1872), *Sonetos* (1876), *Rimas* (1909) etc.

Astrid Cabral (1936, Manaus, AM). Poeta, ficcionista e tradutora. Quarto momento do Modernismo. Obra poética: *Ponto de cruz* (1979), *Torna-viagem* (1981), *Visgo da terra* (1986), *Rês desgarrada* (1994), *De déu em déu: poemas reunidos* (1998), *Intramuros* (1998), *Jaula* (2006), *Ante-sala* (2007), *Antologia pessoal* (2008), *Palavra na berlinda* (2011), *Infância em franjas* (2014) etc.

Augusto de Lima (1859, Nova Lima, MG – 1934, Rio de Janeiro, RJ). Poeta e cronista. Parnasianismo. Obra poética: *Contemporânea* (1887), *Símbolos* (1892), *Poesias* (1909), *Coletânea de poesias* (1959) etc.

Augusto dos Anjos (1884, Engenho Pau D´Arco, vila do Espírito Santo, PB – 1914, Leopoldina, MG). Poeta. Pré-modernismo. Obra poética: *Eu* (1912), *Eu e outras poesias* (1920, org. Orris Soares), *Obra completa* (1994, org. Alexei Bueno) etc.

Augusto Frederico Schmidt (1906, Rio de Janeiro, RJ – 1965). Poeta, cronista e memorialista. Segundo momento do Modernismo. Obra poética: *Canto do brasileiro Augusto Frederico Schmidt* (1928), *Pássaro cego* (1930), *Canto da noite* (1934), *Estrela solitária* (1942), *Poesias completas* (1956), *O caminho do frio* (1964), *Sonetos* (1965) etc.

Augusto Meyer (1902, Porto Alegre, RS – 1970, Rio de Janeiro, RJ). Poeta, ensaísta, memorialista e tradutor. Primeiro momento do Modernismo. Obra poética: *A ilusão querida* (1923), *Coração verde* (1926), *Giraluz* (1928), *Poemas de Bilu* (1929), *Sorriso interior* (1930), *Poesias* (1957), *Melhores poemas* (2002, org. Tania Franco Carvalhal) etc.

Austregésilo de Athayde (1898, Caruaru, PE – 1993, Rio de Janeiro, RJ). Jornalista, ficcionista, ensaísta e cronista. Primeiro momento do Modernismo. Segundo informação de Rubem Braga, é autor de um único poema, o soneto "Petição".

B. Lopes (1859, Rio Bonito, RJ – 1916, Rio de Janeiro, RJ). Poeta. Parnasianismo. Obra poética: *Cromos* (1881), *Pizzicatos* (1886), *Dona Carmem* (1894), *Brasões* (1895), *Sinhá Flor* (1899), *Val de lírios* (1900), *Helenos* (1901), *Patrício* (1904), *Plumário* (1905), *Poesias completas* (1945, 4 v., org. Andrade Muricy) etc.

Basílio da Gama (1741, Tiradentes, MG – 1795, Lisboa, Portugal). Poeta. Arcadismo. Obra poética: *Epitalâmio* (1769), *O Uraguai* (1769), *Os campos elísios* (1776), *Quitúbia* (1791), *Obras poéticas* (1902, org. José Verissimo) etc.

Cacaso – pseudônimo de **Antonio Carlos de Brito** (1944, Uberaba, MG – 1987, Rio de Janeiro, RJ). Poeta e ensaísta. Quarto momento do Modernismo. Obra poética: *A palavra cerzida* (1967), *Grupo escolar* (1974), *Beijo na boca* (1975), *Na corda bamba* (1978), *Beijo na boca e outros poemas* (1985), *Lero-lero* (2012) etc.

Candido Portinari (1903, Brodowski, SP – 1962, Rio de Janeiro, RJ). Pintor e poeta. Primeiro momento do Modernismo. Obra poética: *Poemas* (1964).

Carlos Drummond de Andrade (1902, Itabira, MG – 1987, Rio de Janeiro, RJ). Poeta, cronista, ensaísta e tradutor. Segundo momento do Modernismo. Obra poética: *Alguma poesia* (1930), *Brejo das almas* (1934), *Sentimento do mundo* (1940), *A rosa do povo* (1945), *Claro enigma* (1951), *Lição de coisas* (1962), *Obra completa* (1964), *Boitempo & A falta que ama* (1968), *Reunião* (1969), *A paixão medida* (1980), *Farewell* (1996) etc.

Carlos Pena Filho (1929, Recife, PE – 1960). Poeta. Terceiro momento do Modernismo. Obra poética: *O tempo da busca* (1952), *Memórias do boi Serapião* (1956), *A vertigem lúcida* (1958), *Livro geral* (1959), *Melhores poemas* (1983, org. Edilberto Coutinho) etc.

Castro Alves (1847, fazenda Cabaceiras, a sete léguas de Nossa Senhora de Conceição de Curralinho, hoje Castro Alves, BA – 1871, Salvador, BA). Poeta e dramaturgo. Terceiro momento do Romantismo. Obra poética: *Espumas flutuantes* (1870), *A cachoeira de Paulo Afonso* (1876), *Vozes D´África – Navio negreiro* (1880), *Os escravos* (1883), *Obra completa* (1960, org. Eugênio Gomes) etc.

Celina Ferreira (1928, Cataguases, MG – 2012, Petrópolis, RJ). Poeta, autora de literatura infantojuvenil e jornalista. Terceiro momento do Modernismo. Obra poética: *Poesia de ninguém* (1954), *Poesia cúmplice* (1959), *Hoje poemas* (1967), *Espelho convexo* (1973) etc.

Cora Coralina – pseudônimo de **Ana Lins dos Guimarães Peixoto Bretas** (1889, Goiás Velho, GO – 1985). Poeta, contista e cronista. Terceiro momento do Modernismo. Obra poética: *Poemas dos becos de Goiás e estórias mais* (1965), *Meu livro de cordel* (1976), *Vintém de cobre: meias confissões de Aninha* (1982), *Melhores poemas* (2004, org. Darcy França Denófrio) etc.

Cruz e Sousa (1861, Nossa Senhora do Desterro, hoje Florianópolis, SC – 1898, Sítio, MG). Poeta e cronista. Simbolismo. Obra poética: *Missal* (1893), *Broquéis* (1893), *Evocações* (1898), *Faróis* (1900, org. Nestor Vítor), *Últimos sonetos* (1905), *Obras completas* (1923, org. Nestor Vitor), *Obra completa* (1961, org. Andrade Muricy) etc.

Da Costa e Silva (1885, Amarante, PI – 1950, Rio de Janeiro, RJ). Poeta. Simbolismo. Obra poética: *Sangue* (1908), *Zodíaco* (1917), *Verhaeren* (1917), *Pandora* (1919), *Verônica* (1927), *Antologia* (1934), *Saudade* (1956), *Poesias completas* (2000, org. Alberto da Costa e Silva) etc.

Darcy Damasceno (1922, Niterói, RJ – 1988, Rio de Janeiro, RJ). Poeta, tradutor e ensaísta. Segundo momento do Modernismo. Obra poética: *Poemas* (1946), *Fábula serena* (1949), *Jogral caçurro e outros poemas* (1958), *Trigésimas* (1967), *Poesia* (1967), *Poesia* (1988) etc.

Denise Emmer (1956, Rio de Janeiro, RJ). Poeta e romancista. Quarto momento do Modernismo. Obra poética: *Geração estrela* (1975), *Flor do milênio* (1981), *Ponto zero* (1987), *Cantares de amor e abismo* (1995), *Poesia reunida* (2002), *Lampadário* (2008) etc.

Domicio Proença Filho (1936, Rio de Janeiro, RJ). Poeta, ficcionista e ensaísta. Quarto momento do Modernismo. Obra poética: *O cerco agreste* (1979), *Dionísio esfacelado (Quilombo dos Palmares)* (1984), *Oratório dos inconfidentes* (1989) etc.

Domingos José Martins (1781, Itapemirim, ES – 1817, Salvador, BA). Líder da Revolução pernambucana de 1817. Pré-Romantismo. Seu único poema conhecido, "Soneto", integrou antologias tais como *Poetas do Espírito Santo* (1982), de Elmo Elton.

Domingos Pellegrini (1949, Londrina, PR). Ficcionista e poeta. Quarto momento do Modernismo. Obra poética: *Conversa clara* (1974), *Haicaipiras e quadrais* (1994), *Poesiamorosa* (2002), *Gaiola aberta: 1964-2004* (2005), *Brasigatô: haicaipiras no centenário Brasil-Japão* (2008) etc.

Eduardo Alves da Costa (1936, Niterói, RJ). Poeta, dramaturgo e ficcionista. Terceiro momento do Modernismo. Obra poética: *O tocador de atabaque* (1969), *Salamargo* (1982), *No caminho, com Maiakóvski* (1987), *No caminho, com Maiakóvski: poesia reunida* (2003) etc.

Eduardo Guimaraens (1892, Porto Alegre, RS – 1928, Rio de Janeiro, RJ). Poeta e jornalista. Simbolismo. Obra poética: *Caminho da vida* (1908), *A divina quimera* (1916), *A divina quimera: edição definitiva* (1944, org. Mansueto Bernardi) etc.

Emiliano Pernetta (1866, Sítio dos Pinhais, proximidades de Curitiba, PR – 1921, Curitiba, PR). Poeta, ficcionista, ensaísta e jornalista. Simbolismo. Obra poética: *Músicas* (1888), *Ilusão* (1911), *Setembro* (1934), *Ilusão e outros poemas* (1966, org. Tasso da Silveira e Andrade Muricy) etc.

Emílio de Menezes (1866, Curitiba, PR – 1918, Rio de Janeiro, RJ). Poeta e jornalista. Parnasianismo. Obra poética: *Marcha* *fúnebre* (1893), *Poemas da morte* (1901), *Poesias* (1909), *Últimas rimas* (1917), *Obras reunidas* (1980, org. Cassiana Lacerda Carollo) etc.

Fagundes Varela (1841, Fazenda Santa Rita, Rio Claro, RJ – 1875, Niterói, RJ). Poeta. Segundo momento do Romantismo. Obra poética: *Noturnas* (1861), *Vozes da América* (1864), *Cantos e fantasias* (1865), *Cantos meridionais* (1869), *Cantos do ermo e da cidade* (1869), *Cantos religiosos* (1878), *Diário de Lázaro* (1880), *Obras completas* (1886) etc.

Felippe D'Oliveira (1890, Santa Maria, RS – 1933, Auxerre, França). Poeta, jornalista e dramaturgo. Simbolismo. Obra poética: *Vida extinta* (1911), *Lanterna verde* (1926), *Alguns poemas* (1937), *Livro póstumo* (1938), *Obra completa* (1990) etc.

Felipe Fortuna (1963, Rio de Janeiro, RJ). Poeta, ensaísta e tradutor. Quarto momento do Modernismo. Obra poética: *Ou vice-versa* (1986), *Atrito* (1992), *Estante* (1997), *Em seu lugar: poemas reunidos* (2005), *A mesma coisa* (2012), *O mundo à solta* (2014).

Ferreira Gullar – pseudônimo de **José de Ribamar Ferreira** (1930, São Luís, MA). Poeta, crítico de arte, ficcionista, cronista, dramaturgo e tradutor. Terceiro momento do Modernismo. Obra poética: *A luta corporal* (1954), *Poemas* (1958), *Dentro da noite veloz* (1975), *Poema sujo* (1976), *Na vertigem do dia* (1980), *Toda poesia* (1980), *Barulhos* (1987), *O formigueiro* (1991), *Muitas vozes* (1999), *Poesia completa, teatro e prosa* (2008, org. Antonio Carlos Secchin), *Em alguma parte alguma* (2010) etc.

Frederico Gomes (1947, Barra do Piraí, RJ). Poeta e ensaísta. Quarto momento do Modernismo. Obra poética: *Poemas ordinários* (1995), *Outono & inferno* (2002).

Geraldo Carneiro (1952, Belo Horizonte, MG). Poeta, ensaísta, tradutor e dramaturgo. Quarto momento do Modernismo. Obra poética: *Na busca do Sete-Estrelo* (1974), *Verão vagabundo* (1980), *Piquenique em Xanadu* (1988), *Pandemônio* (1993), *Folias metafísicas* (1995), *Balada do impostor* (2006) etc.

Gilberto Freyre (1900, Recife, PE – 1987). Ensaísta, antropólogo e memorialista. Segundo momento do Modernismo. Integrou em 1946 a *Antologia de poetas brasileiros bissextos contemporâneos*, de Manuel Bandeira. Obra poética: *Talvez poesia* (1962, edição revista e ampliada, 2012).

Gilberto Mendonça Teles (1931, Bela Vista de Goiás, GO). Poeta e ensaísta. Terceiro momento do Modernismo. Obra poética: *Alvorada* (1955), *Estrela-d'Alva* (1956), *Fábula de fogo* (1961), *Sintaxe invisível* (1967), *A raiz da fala* (1972), *Poemas reunidos* (1978), *Plural de nuvens* (1984), *Hora aberta – poemas reunidos* (1986/2003), *Sonetos* (1998), *Álibis* (2000), *Linear G* (2010) etc.

Godofredo Filho (1904, Feira de Santana, BA – 1992, Salvador, BA). Poeta e ensaísta. Segundo momento do Modernismo. Obra poética: *Poema de Ouro Preto* (1932), *Poema da rosa* (1952), *Sonetos e canções* (1954), *Solilóquio* (1974), *Ladeira da misericórdia* (1976), *Irmã poesia* (1987) etc.

Gonçalves Crespo (1846, Rio de Janeiro, RJ – 1883, Lisboa, Portugal). Poeta. Parnasianismo. Obra poética: *Miniaturas* (1870), *Noturnos* (1882) etc.

Graciliano Ramos (1892, Quebrangulo, AL – 1953, Rio de Janeiro, RJ). Ficcionista, jornalista, memorialista e tradutor. Segundo momento do Modernismo. Consta que seus poemas de juventude nunca foram publicados.

Gregório de Matos (1636, Salvador, BA – 1695, Recife, PE). Poeta. Barroco. Obra poética: *Obras completas* (1968, 7 v., org. James Amado), *Obra poética* (1990, 2 v., org. James Amado), *Poemas atribuídos: Códice Asensio-Cunha* (2014, 5 v., org. João Adolfo Hansen e Marcello Moreira) etc.

Guilherme de Almeida (1890, Campinas, SP – 1969, São Paulo, SP). Poeta, jornalista, tradutor e ensaísta. Primeiro momento do Modernismo. Obra poética: *Nós* (1917), *A dança das horas* (1919), *Meu* (1925), *Raça* (1925), *Cartas do meu amor* (1941), *Toda a poesia* (1952, 6 v., 2.ª edição, 1955, 7 v.), *A rua* (1962) etc.

Guimarães Passos (1867, Maceió, AL – 1909, Paris, França). Poeta, dramaturgo e jornalista. Parnasianismo. Obra poética: *Versos de um simples* (1891), *Horas mortas* (1901), *Pimentões* (1904) etc.

Henriqueta Lisboa (1901, Lambari, MG – 1985, Belo Horizonte, MG). Poeta, ensaísta e tradutora. Segundo momento do Modernismo. Obra poética: *Enternecimento* (1929), *Velário* (1936), *Prisioneira da noite* (1941), *Poemas* (1951), *Lírica* (1958), *Além da imagem* (1963), *Reverberações* (1976), *Miradouro e outros poemas* (1976), *Pousada do ser* (1982) etc.

Ismael Nery (1900, Belém, PA – 1934, Rio de Janeiro, RJ). Pintor e poeta. Primeiro momento do Modernismo. Integrou em 1946 a *Antologia de poetas brasileiros bissextos contemporâneos*, de Manuel Bandeira.

Ivan Junqueira (1934, Rio de Janeiro, RJ – 2014). Poeta, ensaísta e tradutor. Quarto momento do Modernismo. Obra poética: *Os mortos* (1964), *A rainha arcaica* (1980), *O grifo* (1987), *A sagração dos ossos* (1994), *Poesia reunida* (2005), *O tempo além do tempo: antologia* (2007, org. Arnaldo Saraiva), *O outro lado* (2007), *Essa música* (2014) etc.

João Alphonsus (1901, Conceição do Mato Dentro, MG – 1944, Belo Horizonte, MG). Ficcionista, jornalista e poeta. Segundo momento do Modernismo. Teve poemas publicados em antologias esparsas, jornais e revistas.

João Cabral de Melo Neto (1920, Recife, PE – 1999, Rio de Janeiro, RJ). Poeta e ensaísta. Segundo momento do Modernismo. Obra poética: *Pedra do sono* (1942), *O engenheiro* (1945), *Duas águas* (1956), *Quaderna* (1960), *A educação pela pedra* (1966), *Morte e vida severina e outros poemas em voz alta* (1966), *Museu de tudo* (1975), *Agrestes* (1985), *Serial e antes* (1997), *A educação pela pedra e depois* (1997), *Poesia completa e prosa* (2007, org. Antonio Carlos Secchin) etc.

João Carlos Teixeira Gomes (1936, Salvador, BA). Poeta, ensaísta e ficcionista. Quarto momento do Modernismo. Obra poética: *Ciclo imaginário* (1975), *O domador de gafanhotos* (1976), *A esfinge contemplada* (1988), *O labirinto de Orfeu* (2014) etc.

Jorge de Lima (1893, União, AL – 1953, Rio de Janeiro, RJ). Poeta, ensaísta e ficcionista. Primeiro momento do Modernismo. Obra poética: *O mundo do menino impossível* (1925), *Poemas* (1927), *Essa negra Fulô* (1928), *Novos poemas* (1929), *A túnica inconsútil* (1938), *Livro de sonetos* (1949), *Obra poética* (1950, org. Otto Maria Carpeaux), *Invenção de Orfeu* (1952), *Poesia completa* (1997, org. Alexei Bueno) etc.

José Bonifácio, o moço (1827, Bordéus, França – 1886, São Paulo, SP). Poeta e ensaísta. Segundo momento do Romantismo. Obra poética: *Rosas e goivos* (1848).

José de Anchieta (1534, La Laguna de Tenerife, Ilhas Canárias – 1597, Reritiba, atual Anchieta, ES). Poeta, prosador e dramaturgo. Origens. Obra poética: *Poesias* (1989, org. M. de L. de Paula Martins) etc.

José Paulo Paes (1926, Taquaritinga, SP – 1998, São Paulo, SP). Poeta, ensaísta e tradutor. Segundo momento do Modernismo. Obra poética: *O aluno* (1947), *Cúmplices* (1951), *Poemas reunidos* (1961), *Anatomias* (1967), *Resíduo* (1980), *Um por todos* (1986), *A meu esmo* (1995), *Socráticas* (2001), *Poesia completa* (2008) etc.

Josué de Castro (1908, Recife, PE – 1973, Paris, França). Ficcionista e ensaísta. Segundo momento do Modernismo. Em novembro de 1928 publicou na *Revista de Antropofagia* o poema "Namoro".

Laís Corrêa de Araújo (1927, Campo Belo, MG – 2006, Belo Horizonte, MG). Poeta, ensaísta, tradutora e cronista. Terceiro momento do Modernismo. Obra poética: *Caderno de poesia* (1951), *O signo e outros poemas* (1955), *Cantochão* (1967), *Decurso de prazo* (1988), *Pé de página* (1995), *Inventário: 1951/2002* (2004) etc.

Lêdo Ivo (1924, Maceió, AL – 2012, Sevilha, Espanha). Poeta, ficcionista, ensaísta e tradutor. Segundo momento do Modernismo. Obra poética: *As imaginações* (1944), *Ode e elegia* (1945), *Linguagem* (1951), *Magias* (1960), *Finisterra* (1972), *Calabar* (1985), *Crepúsculo civil* (1990), *Poesia completa* (2004), *Réquiem* (2008) etc.

Lélia Coelho Frota (1937, Rio de Janeiro, RJ – 2010). Poeta, ensaísta e antropóloga. Terceiro momento do Modernismo. Obra poética: *Quinze poemas* (1956), *Alados idílios* (1958), *Caprichoso desacerto* (1965), *Poesia lembrada* (1971), *Menino deitado em alfa* (1978), *Veneza de vista e ouvido* (1986), *Brio* (1996), *Poesia reunida* (2012) etc.

Leonardo Fróes (1941, Itaperuna, RJ). Poeta, ensaísta e tradutor. Quarto momento do Modernismo. Obra poética: *Língua franca* (1968), *A vida em comum* (1969), *Anjo tigrado* (1975),

Sibilitz (1981), *Assim* (1986), *Vertigens: obra reunida* (1998), *Chinês com sono e clones do inglês* (2005) etc.

Lúcio Cardoso (1912, Curvelo, MG – 1968, Rio de Janeiro, RJ). Ficcionista, poeta, memorialista e dramaturgo. Segundo momento do Modernismo. Obra poética: *Poesias* (1941), *Novas poesias* (1944), *Poemas inéditos* (1982, org. Octavio de Faria), *Poesia completa* (2011, org. Ésio Macedo Ribeiro).

Lúcio de Mendonça (1854, Piraí, RJ – 1909, Rio de Janeiro, RJ). Poeta, jornalista e ficcionista. Parnasianismo. Obra poética: *Névoas matutinas* (1872), *Alvoradas* (1875), *Vergastas* (1889), *Canções de outono* (1897), *Murmúrios e clamores* (1902) etc.

Luís Augusto Cassas (1953, São Luis, MA). Poeta. Quarto momento do Modernismo. Obra poética: *República dos becos* (1981), *Rosebud* (1990), *O retorno da aura* (1994), *O shopping de Deus & A alma do negócio* (1998), *Ópera barroca* (1998), *Em nome do filho* (2003), *Evangelho dos peixes para a ceia de Aquário* (2008), *A poesia sou eu: poesia reunida* (2012) etc.

Luís Delfino (1834, Desterro, atual Florianópolis, SC – 1910, Rio de Janeiro, RJ). Poeta. Parnasianismo. Obra poética: *Poemas* (1928), *Poesias líricas* (1934), *Rosas negras* (1938), *Poemas escolhidos* (1982, org. Nereu Corrêa), *Melhores poemas* (1991, org. Lauro Junkes) etc.

Luís Guimarães Júnior (1847, Rio de Janeiro, RJ – 1898, Lisboa, Portugal). Poeta, ficcionista e dramaturgo. Terceiro momento do Romantismo. Obra poética: *Corimbos* (1866), *Noturnos* (1872), *Sonetos e rimas* (1880).

Luís Martins (1907, Rio de Janeiro, RJ – 1981, São Paulo, SP). Poeta, ensaísta, ficcionista, cronista, memorialista e crítico de arte. Segundo momento do Modernismo. Obra poética: *Sinos* (1928), *Cantigas da rua escura* (1950).

Lya Luft (1938, Santa Cruz, RS). Poeta, ficcionista, cronista e ensaísta. Quarto momento do Modernismo. Obra poética: *Canções de limiar* (1963), *Flauta doce* (1972), *Mulher no palco* (1984), *O lado fatal* (1988), *Para não dizer adeus* (2005) etc.

Machado de Assis (1839, Rio de Janeiro, RJ – 1908). Ficcionista, poeta, cronista, dramaturgo e crítico literário. Realismo. Obra poética: *Crisálidas* (1864), *Falenas* (1870), *Americanas* (1875), *Poesias completas* (1901) etc.

Maciel Monteiro (1804, Recife, PE – 1868, Lisboa, Portugal). Poeta e cronista. Primeiro momento do Romantismo. Obra poética: *Poesias* (1905, org. João Batista Regueira Costa e Alfredo de Carvalho), *Poesias* (1962, org. José Aderaldo Castello).

Manoel de Barros (1916, Cuiabá, MT – 2014, Campo Grande, MS). Poeta. Segundo momento do Modernismo. Obra poética: *Poemas concebidos sem pecado* (1937), *Face imóvel* (1942), *Poesias* (1956), *Matéria de poesia* (1970), *Livro de pré-coisas* (1985), *Poesia quase toda* (1990), *O livro das ignorãças* (1993), *Livro sobre nada* (1996), *Poemas rupestres* (2004), *Memórias inventadas: a terceira infância* (2008) etc.

Márcio Catunda (1957, Fortaleza, CE). Poeta e ensaísta. Quarto momento do Modernismo. Obra poética: *Navio espacial* (1981), *Purificações* (1987), *O encantador de estrelas* (1988), *Sortilégio marítimo* (1991), *Rosas de fogo* (1998), *Sintaxe do tempo* (2005), *Emoção atlântica* (2010), *Escombros e reconstruções* (2012) etc.

Mário de Andrade (1893, São Paulo, SP – 1945). Poeta, ficcionista, ensaísta, crítico literário e de arte. Primeiro momento do Modernismo. Obra poética: *Há uma gota de sangue em cada poema* (1917), *Pauliceia desvairada* (1922), *Losango Cáqui* (1926), *O clã do jabuti* (1927), *Remate de males* (1930), *Poesias* (1941), *Poesias completas* (1955) etc.

Mário Pederneiras (1867, Rio de Janeiro, RJ – 1915). Poeta e jornalista. Simbolismo. Obra poética: *Agonia* (1900), *Rondas noturnas* (1901), *Histórias do meu casal* (1906), *Ao léu do sonho e à mercê da vida* (1912), *Outono* (1921), *Poesia reunida* (2004, org. Antonio Carlos Secchin).

Mario Quintana (1906, Alegrete, RS – 1994, Porto Alegre, RS). Poeta, jornalista e tradutor. Segundo momento do Modernismo. Obra poética: *A rua dos cataventos* (1940), *Canções* (1946), *Sapato florido* (1948), *O aprendiz de feiticeiro* (1950), *Espelho mágico* (1951), *Poesias* (1962), *Caderno H* (1973), *A vaca e o hipogrifo* (1977), *Poesia completa* (2005, org. Tânia Franco Carvalhal) etc.

Mauro Mota (1911, Recife, PE – 1984). Poeta, ensaísta e jornalista. Terceiro momento do Modernismo. Obra poética: *Elegias* (1952), *A tecelã* (1956), *Os epitáfios* (1959), *O galo e o cata-vento* (1962), *Canto ao meio* (1964), *Pernambucânia ou cantos da comarca e da memória* (1979), *Obra poética* (2004, org. Everardo Norões) etc.

Menotti del Picchia (1892, Itapira, SP – 1988, São Paulo, SP). Poeta e ficcionista. Primeiro momento do Modernismo. Obra poética: *Poemas do vício e da virtude* (1913), *Juca mulato* (1917), *As máscaras* (1920), *Jesus* (1933), *Melhores poemas* (2004, org. Rubens Eduardo Ferreira Frias) etc.

Millôr Fernandes (1924, Rio de Janeiro, RJ – 2012). Humorista, cronista, ficcionista, dramaturgo, poeta e tradutor. Terceiro momento do Modernismo. Obra poética: *Papáverum Millôr* (1967), *Hai-kais* (1968), *Trinta anos de mim mesmo* (1972), *Poemas* (1984), *Millôr definitivo* (1994) etc.

Murilo Mendes (1901, Juiz de Fora, MG – 1975, Lisboa, Portugal). Poeta, memorialista, ensaísta e crítico de arte. Segundo momento do Modernismo. Obra poética: *Poemas* (1930), *His-*

tória do Brasil (1932), *As metamorfoses* (1941), *Mundo enigma/Os quatro elementos* (1945), *Contemplação de Ouro Preto* (1954), *Tempo espanhol* (1959), *Convergência* (1970), *Poesia completa e prosa* (1994, org. Luciana Stegagno Picchio) etc.

Myriam Fraga (1937, Salvador, BA). Poeta e ensaísta. Quarto momento do Modernismo. Obra poética: *Marinhas* (1964), *Sesmaria* (1969), *Livro dos Adynata* (1975), *O risco na pele* (1979), *As purificações ou o sinal de Talião* (1981), *Os deuses lares* (1992), *Femina* (1996), *Poesia reunida* (2008) etc.

Nauro Machado (1935, São Luis, MA). Poeta e ensaísta. Terceiro momento do Modernismo. Obra poética: *Campo sem base* (1958), *O exercício do caos* (1961), *Segunda comunhão* (1964), *Noite ambulatória* (1969), *Os parreirais de Deus* (1975), *Masmorra didática* (1979), *O cavalo de Troia* (1982), *Lamparina da aurora* (1992), *Nau de Urano* (2002), *Percurso de sombras* (2013) etc.

Olavo Bilac (1865, Rio de Janeiro, RJ – 1918). Poeta, ficcionista, cronista, ensaísta, jornalista e tradutor. Parnasianismo. Obra poética: *Poesias* (1888), *Tarde* (1919), *Obra reunida* (1996, org. Alexei Bueno) etc.

Paulo Mendes Campos (1922, Saúde, MG – 1991, Rio de Janeiro, RJ). Poeta, cronista e jornalista. Terceiro momento do Modernismo. Obra poética: *A palavra escrita* (1951), *O domingo azul do mar* (1958), *Testamento do Brasil e O domingo azul do mar* (1966), *Poemas* (1979), *Melhores poemas* (1990, org. Guilhermino Cesar) etc.

Raimundo Correia (1859, Mogúncia, MA – 1911, Paris, França). Poeta, cronista e ensaísta. Parnasianismo. Obra poética: *Primeiros sonhos* (1879), *Sinfonias* (1883), *Versos e versões* (1887), *Aleluias* (1891), *Poesias* (1898), *Poesia completa e prosa* (1961, org. Waldir Ribeiro do Val).

Raul Bopp (1898, Tupanciretã, RS – 1984, Rio de Janeiro, RJ). Poeta, ensaísta e memorialista. Primeiro momento do Modernismo. Obra poética: *Cobra Norato* (1931), *Urucungo* (1932), *Poesias* (1947), *Antologia poética* (1967), *Putirum* (1969), *Mironga e outros poemas* (1978), *Poesia completa* (1998, org. Augusto Massi) etc.

Raul de Leoni (1895, Petrópolis, RJ – 1926, Itaipava, RJ). Poeta. Simbolismo. Obra poética: *Ode a um poeta morto* (1919), *Luz mediterrânea* (1922), *Melhores poemas* (2002, org. Pedro Lyra) etc.

Renata Pallottini (1931, São Paulo, SP). Poeta, ficcionista, ensaísta, dramaturga e tradutora. Terceiro momento do Modernismo. Obra poética: *Acalanto* (1952), *O monólogo vivo* (1956), *A casa* (1958), *Livro de sonetos* (1961), *Os arcos da memória* (1971), *Chão de palavras* (1977), *Ao inventor das aves* (1985), *Obra poética* (1995), *Um calafrio diário* (2002) etc.

Reynaldo Moura (1900, Santa Maria, RS – 1965, Porto Alegre, RS). Ficcionista, jornalista e poeta. Segundo momento do Modernismo. Obra poética: *Outono* (1936), *Mar do tempo* (1944).

Roberto Braga (1937, São Paulo, SP). Poeta e jornalista. Quarto momento do Modernismo. Obra poética: *Lado do mar* (1966), *Para todos namorados passearem de mãos dadas* (1967), *Seis poemas* (1975), *Almanaque amor* (1984) etc.

Rodrigues de Abreu (1897, Capivari, SP – 1927, Bauru, SP). Poeta e dramaturgo. Pré-modernismo. Obra poética: *Noturnos* (1919), *A sala dos passos perdidos* (1924), *Casa destelhada* (1927), *Poesias completas* (1952, org. Domingos Carvalho da Silva) etc.

Ronald de Carvalho (1893, Rio de Janeiro, RJ – 1935). Poeta e ensaísta. Primeiro momento do Modernismo. Obra poética: *Luz gloriosa* (1913), *Poemas e sonetos* (1919), *Epigramas irô-*

nicos e sentimentais (1922), *Jogos pueris* (1926), *Toda a América* (1926) etc.

Rubem Braga (1913, Cachoeiro de Itapemirim, ES – 1990, Rio de Janeiro, RJ). Cronista, jornalista, tradutor e poeta. Segundo momento do Modernismo. Integrou em 1946 a *Antologia de poetas brasileiros bissextos contemporâneos*, de Manuel Bandeira. Obra poética: *Livro de versos* (1980).

Ruy Espinheira Filho (1942, Salvador, BA). Poeta, ficcionista, cronista e ensaísta. Quarto momento do Modernismo. Obra poética: *Heléboro* (1974), *Julgado do vento* (1979), *As sombras luminosas* (1981), *Memória da chuva* (1996), *Poesia reunida e inéditos* (1998), *Elegia de agosto e outros poemas* (2005), *A casa dos nove pinheiros* (2012), *Estação infinita e outras estações* (2012), *Para onde vamos é sempre ontem* (2014, org. Leo Cunha) etc.

Sergio Milliet (1898, São Paulo, SP – 1966). Poeta, ensaísta, memorialista, ficcionista, tradutor, crítico literário e de arte. Primeiro momento do Modernismo. Obra poética: *Par le sentier* (1917), *L´oeil de boeuf* (1923), *Poemas análogos* (1927), *Poemas* (1937), *Oh valsa latejante...* (1943), *Poesias* (1946), *Poema do trigésimo dia* (1950), *Quinze poemas* (1953), *Alguns poemas entre muitos* (1957) etc.

Sousa Caldas (1762, Rio de Janeiro, RJ – 1814). Poeta. Arcadismo. Obra poética: *Obras poéticas: salmos de David* (1820), *Obras poéticas: poesias sacras e profanas* (1821) etc.

Sousândrade (1832, Alcântara, MA – 1902, São Luis, MA). Poeta e cronista. Terceiro momento do Romantismo. Obra poética: *Harpas selvagens* (1857), *Impressos* (1868, 2 v.), *Obras poéticas* (1874), *Guesa errante* (1876/1877, 2 v.), *O Guesa* (1888), *Inéditos* (1970, org. Frederick G. Williams e Jomar Moraes), *Melhores poemas* (2008, org. Adriano Espínola) etc.

Tasso da Silveira (1895, Curitiba, PR – 1968, Rio de Janeiro, RJ). Poeta, ensaísta, ficcionista, dramaturgo e tradutor. Primeiro momento do Modernismo. Obra poética: *Fio d'água* (1918), *A alma heroica dos homens* (1924), *As imagens acesas* (1928), *Descobrimento da vida* (1936), *Contemplação do eterno* (1952), *Regresso à origem* (1960), *Poemas de antes* (1966), *Poemas* (2003, org. Ildásio Tavares) etc.

Thiago de Mello (1926, Barreirinha, AM). Poeta, tradutor e ensaísta. Terceiro momento do Modernismo. Obra poética: *Silêncio e palavra* (1951), *Narciso cego* (1952), *Vento geral* (1960/1984), *Num campo de margaridas* (1986), *Campo de milagres* (1998), *Poemas preferidos pelo autor e seus leitores* (2001) etc.

Tite de Lemos (1942, Rio de Janeiro, RJ – 1989). Poeta, dramaturgo e jornalista. Quarto momento do Modernismo. Obra poética: *Marcas do Zorro* (1979), *Corcovado park* (1985), *Caderno de sonetos* (1988), *Outros sonetos do caderno* (1989), *Bella donna* (2010) etc.

Tobias Barreto (1839, Campos, SE – 1889, Recife, PE). Poeta, jornalista e ensaísta. Terceiro momento do Romantismo. Obra poética: *Dias e noites* (1881), *Obras completas* (1926, 5 v.) etc.

Tomás Antônio Gonzaga (1744, Porto, Portugal – 1810, Moçambique). Poeta e ensaísta. Arcadismo. Obra poética: *Marília de Dirceu* (1792), *Cartas chilenas* (1845), *Obras completas* (1957, 2 v., org. Rodrigues Lapa) etc.

Vicente de Carvalho (1866, Santos, SP – 1924, São Paulo, SP). Poeta e jornalista. Parnasianismo. Obra poética: *Ardentias* (1885), *Relicário* (1888), *Rosa, rosa de amor* (1902), *Poemas e canções* (1908), *Versos da mocidade* (1912), *Melhores poemas* (2005, org. Cláudio Murilo Leal) etc.

Vinicius de Moraes (1913, Rio de Janeiro, RJ – 1980). Poeta, cronista e dramaturgo. Segundo momento do Modernismo. Obra poética: *O caminho para a distância* (1933), *Forma e exegese* (1935), *Ariana, a mulher* (1936), *Novos poemas* (1938), *Cinco elegias* (1943), *Livro de sonetos* (1957), *Obra poética* (1968), *Poesia completa e prosa* (1986, org. Afrânio Coutinho), *Poesia completa e prosa* (2004, org. Eucanaã Ferraz) etc.

Walmir Ayala (1933, Porto Alegre, RS – 1991, Rio de Janeiro, RJ). Poeta, ficcionista, cronista, dramaturgo, crítico de arte e tradutor. Terceiro momento do Modernismo. Obra poética: *O edifício e o verbo* (1961), *Poemas da paixão* (1967), *Poesia revisada* (1972), *A pedra iluminada* (1976), *Estado de choque* (1980), *Águas como espadas* (1983), *Melhores poemas* (2008, org. Marco Lucchesi), *A viagem* (2011), *Caderno de pintura* (2014) etc.

Wilson Rocha (1921, Cochabamba, Bolívia – 2005, Salvador, BA). Poeta, tradutor e crítico de arte. Terceiro momento do Modernismo. Obra poética: *Poemas* (1946), *O tempo no caminho* (1950), *Livro de canções* (1960), *A forma do silêncio: poesia reunida* (1986) etc.

O ORGANIZADOR

André Seffrin (1965, Júlio de Castilhos, RS). Crítico literário e ensaísta. Atuou em vários jornais e revistas e organizou, entre outros livros, *Contos e novelas reunidos*, de Samuel Rawet (Civilização Brasileira, 2004), *Roteiro da poesia brasileira: anos 50* (Global, 2007), *Poesia completa e prosa*, de Manuel Bandeira (Nova Aguilar, 2009).

Nota do organizador/ Agradecimentos

Iniciado no final do século passado, o trabalho de organização desta antologia só se tornou possível com a ajuda de dezenas de colaboradores, alguns muito empenhados, outros, pontuais ou eventuais no acidentado curso da pesquisa e na posterior coleta de autorizações para publicação. Do início ao fim do trabalho, até as incansáveis buscas por responsáveis pelos direitos autorais das obras de poetas desaparecidos ou hoje pouco lembrados, foram cerca de quinze anos de escaramuças e esperanças por vezes malogradas. Embora pouco extensa, a lista dos colaboradores decisivos e amigos da poesia que de várias maneiras estiveram presentes ao longo desses anos só é possível em ordem alfabética.

E com ela registro o meu muito obrigado a Adriana Seffrin, Alberto da Costa e Silva, Alexandre Teixeira, Amélia Moro, Ana Maria Santeiro, Aristóteles Angheben Predebon, Carlos Ávila, Carlos Newton Júnior, Daniele Cajueiro, Éder Adão Mendes, Edla van Steen, Elaine Rocha, Eliane Vasconcellos, Eliezer Moreira, Foed Castro Chamma (*in memoriam*), Geraldo Carneiro, João Cândido Portinari, Joaquim Nava, Lélia Coelho Frota (*in memoriam*), Lia Sampaio, Lúcia Riff, Luciana Villas-Boas, Luis Antonio Cajazeira Ramos, Luiza Ramos Amado, Majela Colares, Márcio Catunda, Maria Amélia Mello, Maria Cristina Antonio Jeronimo, Maria do Carmo Oliveira, Margarida Brito, Miriam Campos, Aracy Seljan (*in memoriam*), Monica Montone, Pedro Landim, Rafael Cardoso, Rainer Seffrin, Roberto Braga, Rosângela Flórido Rangel,

Silvana Seffrin, Vânia Barra, Zé Tarcísio e a todos os poetas, presentes e ausentes, agora e sempre, a seus herdeiros ou representantes, aos colegas de ofício e, por fim, com igual fervor, aos inimigos da poesia, a todos aqueles que diariamente prestam desserviço à poesia e que por quase duas décadas fizeram com que este Rubem Braga permanecesse inédito sem previsão de lançamento. A eles este livro é também dedicado porque a poesia, como dizem da fé, igualmente remove montanhas e, mais do que nunca, é necessária.

Rio de Janeiro, março de 2015.

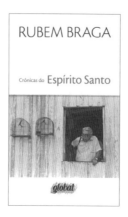

Crônicas do Espírito Santo

Em *Crônicas do Espírito Santo*, Rubem Braga reuniu, como o título da obra indica, textos sobre seu estado natal, muitos deles referentes à cidade onde nasceu – Cachoeiro de Itapemirim –, em 12 de janeiro de 1913. A ideia da reunião surgiu de alguns amigos do escritor, dentre os quais se destaca o romancista Renato Pacheco. Contudo, como Braga ressalta, se ao longo do tempo escreveu inúmeros textos referentes a assuntos capixabas, vários deles estavam bastante ligados a questões e demandas específicas, cujo interesse, passado o tempo, em muito se perdeu.

Para a publicação, o velho Braga escolheu, ao contrário, textos que, falando do Espírito Santo, tratam de assuntos e questões que acompanharam sua produção, com destaque para a temática relacionada à infância. E assim temos "O Dia de São Pedro", que fala do santo padroeiro de sua cidade natal, vendo-o como quando criança, como o avô que ele nunca chegou a conhecer, simpático, bonachão, compreensivo. Ou "Passeio à infância", crônica que abre o livro e que propõe uma volta à sua meninice, não só por ele, mas pela enigmática figura da "bela mulher estranha", desejando fazer dela uma "simples menina de pernas magras", para que juntos desfrutassem de tudo que ele então sabia fazer.

"Os trovões de antigamente" situam o cronista no quarto antigo de seus pais, na casa em que viveu a meninice, com o pé de fruta-pão que será figura recorrente no volume. Já "A minha glória literária" traz um Braga que se saía muito bem nas composições escolares, com direito a texto publicado no jornal da escola e tudo. Isso até resolver enfiar, no meio de uma composição sobre o amanhecer na fazenda, "um 'burro zurrando'". Foi a conta para o professor se sentir decepcionado com o jovem aluno e dar-lhe uma nota baixa, acabando com sua precoce glória literária.

Obra de mestre como é Rubem Braga, as *Crônicas do Espírito Santo* são para serem lidas e relidas, por capixabas e por brasileiros todos, por leitores de todas as idades e facetas.

Rubem Braga – crônicas para jovens

As crônicas de Rubem Braga dificilmente podem ser qualificadas com outro adjetivo que não *genial*. Este capixaba radicado no Rio de Janeiro, que passou grande parte de sua vida viajando por diversas partes do Brasil e do mundo e que se dedicou à crônica como nenhum outro escritor brasileiro, se consolidou como um mestre do gênero. Em grande medida, é graças a ele que a crônica brasileira pôde deixar de ser vista como um gênero menor, espécie de subgênero literário. E, se ela é um gênero ligado essencialmente ao jornal e ao contexto em que foi feita, com Braga, a crônica nos faz ver seu outro lado, perene, conquistando leitores nascidos muito depois de sua escritura.

Esta coletânea, organizada por Antonieta Cunha, traz algumas das mais primorosas crônicas do Velho Urso, organizadas em cinco seções ("Amor... ou quase", "Parece que foi hoje!", "Confidências, quase confissões", "De plantas e bichos" e "Em qualquer lugar") que tratam dos temas mais caros ao autor.

Conforme afirmou Manuel Bandeira em observação que já se tornou consagrada, o velho Braga fazia crônicas ainda melhores quando simplesmente não tinha um assunto. E, assim, podia falar de uma simples gatinha trazida da rua, batizada Biribuva, ainda que os leitores pudessem julgar que a vida da bichana não interessasse. Ou podia falar de Zig, um de seus cachorros de infância, que viveu 11 anos como membro da família Braga e que era um bom cão, chegando a acompanhar a mãe de Rubem à missa, muito embora atacasse, vez ou outra, algumas pessoas.

E Braga nos fala de muitos outros assuntos, como da visita repentina que lhe foi feita por uma senhora de seu bairro, admiradora de sua obra e que irrompe à casa dele e chora, para depois se recompor e ir embora, sem mais. Falando das luvas esquecidas por outra mulher em sua casa, ou da temática da mulher esperando o homem, o cronista leva os leitores à profundidade de visão que a literatura lança sobre o mundo, profundidade esta que ganha concretude na consagrada, e não por isso menos saborosa, crônica "Meu ideal seria escrever...".

GRÁFICA PAYM
Tel. [11] 4392-3344
paym@graficapaym.com.br